NARZISSMUS
IN BEZIEHUNGEN

Wie Sie sich aus den Fängen einer toxischen Beziehung befreien und endlich wieder glücklich leben

Sophie Schilling

1. Auflage

ISBN: 9781707799503

INHALT

Vorwort

„Sage mir, mit wem du umgehst und ich sage dir, wer du bist…“ Dieses Zitat von Johann Wolfgang von Goethe hat durchaus einen wahren Kern. Sind wir Menschen doch soziale Wesen und brauchen Beziehung wie die Luft zum Atmen. Sei es in der Familie, im Berufsleben oder in der Partnerschaft. Kontakte zu Mitmenschen sind von unabdingbarer Importanz für uns. Doch wie können wir mit Beziehungen umgehen, die uns schaden und was geschieht beispielsweise, wenn sich derjenige, mit dem wir (um-)gehen als „Mogelpackung“ erweist? Als „Wolf im Schafspelz“?

Und was tun, wenn wir erst nach einigen Monaten feststellen, dass der Chef kein angenehmer Zeitgenosse ist, wie damit zurechtkommen, wenn der Partner sich im Laufe der Beziehung als unerträglich erweist, oder die Mutter uns noch als Erwachsene kritisiert und entwertet? Dann sind wir heute schnell mit „Selbstdiagnosen“ bei der Hand, auch wenn diese nur laienhaft ausgerufen werden: „Das ist doch ein Psychopath“ oder „so ein Narzisst“! Gerade Narzissmus ist ein Wort, das uns in den letzten Jahren fast schon inflationär ins Auge springt. Natürlich hat es Vorteile und ist von immenser Bedeutung, dass in unserer Zeit offener und vermehrt über psychische Erkrankungen gesprochen wird. Heute darf man eine Depression haben, eine Angststörung oder einen Burnout. Man darf sogar ganz offen einen Therapeuten aufsuchen oder in eine psychosomatische Klinik gehen. Das alles sind Fortschritte, die hoffentlich dazu beitragen, Intensität und Dauer von psychischen Erkrankungen zu reduzieren.

Doch was tun, wenn wir selbst befürchten müssen, tatsächlich in eine narzisstische Beziehung geraten zu sein? Gerade bei Persönlichkeitsstörungen sind ja die Übergänge fließend. Von Akzentuierungen bis zum Vollbild können alle möglichen Erscheinungsformen auftreten. Und sind wir nicht alle ein bisschen narzisstisch? Die Antwort ist eindeutig: Ja, das sind wir!
Zumindest ein bisschen Narzissmus steckt in jedem von uns, und das ist durchaus notwendig für unser Ich-Streben. Ein positives Selbstbild stützt uns und der Glaube an uns selbst macht uns stark. Narzissmus fördert unser Durchsetzungsvermögen und kann Triebfeder sein für Karriere und Leistung.

Pathologisch wird es da, wo Empathie, Reue, Reflexionsfähigkeit und Impulskontrolle fehlen und echte Einsicht nicht mehr gegeben ist. Unerträglich wird es für die Angehörigen, wenn narzisstische Wut und Kränkung unkontrolliert ausagiert werden, wenn allein egoistische Motive das Handeln lenken und Mitmenschen Mittel zum

Zweck werden. Narzissmus ist Selbstsucht! Und da zählt kein anderer!

Die Autorin geht in diesem Ratgeber ausführlich auf die gesamte Bandbreite und die verschiedenen Facetten von Narzissmus ein. So möchte ich mich mit meinem Vorwort den Angehörigen bzw. den Opfern von Narzissten zuwenden. Dabei gehe ich davon aus, dass eine Vielzahl der Leser mit einem nicht-diagnostizierten Narzissten konfrontiert ist. Für das Verständnis der Beziehungsdynamik, sowie für die Frage nach einem möglichen Ausstieg, ist es meiner Erfahrung nach unerheblich, ob der narzisstische Partner einen offiziellen Diagnose-Stempel trägt oder einer psychiatrischen Überprüfung standhielte. Entscheidend für Opfer von narzisstischem Missbrauch ist, dass sie unter dem Verhalten ihres Gegenübers massiv leiden und trotz aller Bemühungen keine Veränderung erwirken können. Bedenken Sie, dass Sie keine Rechtfertigung für Ihr Leiden benötigen.

Wenn Sie also Ihr Partner systematisch ausbeutet und quält, wenn die Machtkämpfe, Schuldzuweisungen und Kontrollen kein Ende nehmen, dann ziehen Sie die Konsequenzen! In einer gesunden Beziehung halten sich Geben und Nehmen die Waage. In einer narzisstischen Beziehung bluten Sie immer mehr aus, bekommen am Ende nur noch Brosamen und sollen sich für diese sogar bedanken.

Stellen Sie sich doch einmal folgende Frage: „Kann ich in der Beziehung mit dem Narzissten ganz selbstverständlich eigene Entscheidungen treffen? Und kann ich auf seine Bitten oder Wünsche offen mit Ja oder Nein antworten? Oder muss ich mit Sanktionen rechnen, wenn ich nicht in seinem Sinne handle?“ Mit Frustration oder Kritik kann ein narzisstischer Mensch nämlich nicht umgehen. An diesem kleinen Beispiel können Sie gut sehen, wie frei bzw. unfrei Sie in der Beziehung sind.

Gerade Frauen neigen dazu, sich über die Maßen „verbiegen zu lassen“ und anzupassen. Sind sie doch meist als „brave Mädchen“ erzogen worden. Angehalten, nur keinen Streit zu provozieren, keinen Ärger heraufzubeschwören und zu gehorchen. Vielleicht gab es auch bei Ihnen bereits einen Elternteil mit narzisstischen Zügen, der Sie durch sein Verhalten dahingehend konditioniert hat.
Mit Liebesentzug, tagelangem Schweigen, physischer und psychischer Gewalt, Tyrannei, Herabwürdigung... die Liste wäre endlos, würde man alles aufzählen, was Narzissten an Manipulationen einsetzen. So geprägt nimmt es nicht wunder, wenn wir uns im späteren Leben in ähnlichen Beziehungskonstellationen wiederfinden.

Natürlich ist dies nicht die einzige Erklärung, aber es ist eine mögliche. Ein abwesender Vater und/oder eine kühle und distanzierte Mutter, ein großes Machtgefälle zwischen den Eltern, Suchtproblematiken, Geschwisterkinder, die geliebt wurden, während wir das „schwarze Schaf“ waren, psychische Erkrankungen, Traumata und viele andere Umstände können dafür sorgen, dass wir als Kleinkind nicht die Liebe und Fürsorge erhielten, die nötig gewesen wäre, um gesund groß zu werden. Um ein Gefühl für Selbstwert und Würde ausbilden zu können, um Respekt und Grenzen zu kennen und in der Lage zu sein, diese einzufordern.

Narzissten sind meist charismatische und nicht selten faszinierende Menschen. Zumindest auf den ersten Blick. So ist es nur verständlich, dass wir, sobald die Beziehung in Schieflage gerät, anfangen, uns mit diesem Thema Narzissmus zu beschäftigen. Jedoch Vorsicht!
Viele Opfer lesen Bücher, schauen Videos, hören sich Vorträge an über Wochen und Monate. So verständlich der Wunsch ist, dem Ganzen durch Informationen auf den Grund zu gehen, so sehr kreisen wir doch wieder nur um den Narzissten. Und das tut er ja im Grunde schon selbst.

Fragen Sie sich nicht länger, warum der Narzisst so ist, wie er ist, sondern fragen Sie sich, warum Sie mit ihm zusammen sind, obwohl er so ist! Lenken Sie den Fokus auch auf sich und werden Sie Experte für Ihre eigenen Themen, für Ihre Anteile als Co-Narzisst. Sie können Ihren Partner nicht ändern. Narzisstische Züge sind nicht temporär, eine Persönlichkeitsstörung ist durchgängig, beginnend in Jugend und Adoleszenz. Das eben macht ja ihr Wesen aus. Fragen Sie sich an dieser Stelle, warum der Narzisst mit anderen Menschen keine Probleme hat, sogar beliebt ist und ein gern gesehener Gast, so machen Sie sich bewusst, dass Sie die Projektionsfläche für ihn darstellen. Will heißen, der Narzisst überträgt eigene Anteile, die er an sich ablehnt, auf Sie und bekämpft sie dort. All die Vorwürfe, die er Ihnen macht, gelten also eigentlich ihm selbst. Seine Abwehrmechanismen schützen ihn davor, sich eigene Schwächen einzugestehen. Gerade weil der Narzisst ein so fragiles Selbst hat, kann er Zweifel an sich nicht ertragen und sich beispielsweise auch nicht entschuldigen. Dieses Dilemma tritt umso mehr in Erscheinung, je enger die Beziehungen sind. So kann es also sein, dass Ihr Partner von anderen Personen als gönnerhaft und umgänglich wahrgenommen wird und nur in der Liebesbeziehung seine destruktive Seite zeigt. Dieser Umstand trägt häufig zur Verwirrung bei den Opfern bei.

In meiner Arbeit stelle ich immer wieder fest, was für überaus empathische, kreative, starke und besondere Menschen zu Opfern von Narzissten werden. Im Grunde ist dies nicht verwunderlich, dockt ein Narzisst doch nirgendwo an, wo es nichts zu holen gibt. Schade nur, dass all diese Qualitäten beim Opfer verloren gehen im Laufe der Beziehung. Sie werden tatsächlich ein Schatten ihrer selbst. Isoliert und geschwächt, unsicher und voller Angst verharren sie in einer scheinbar ausweglosen Situation. An dieser Stelle hat der

Narzisst ganze Arbeit geleistet, ist sein Opfer doch so gefügig und klein, wie er es von Anfang an intendiert hatte.

Aus schierer Verzweiflung stehen Co-Narzissten häufig an diesem Punkt auf und versuchen, ihre Haut zu retten.
Aus reinem Selbstschutz und/oder der Kinder wegen, suchen sie nun endlich die so dringend benötigte Hilfe.

Niemand trägt Schuld, wenn er in eine narzisstische Beziehung gerät. Wer die Beziehungsdynamik nicht kennt und noch nie damit zu tun hatte, kann nicht damit rechnen, dass ein Mitmensch so ausbeuterisch und gnadenlos sein kann. Sein Egozentrismus, seine Rücksichtslosigkeit, seine Kälte und Unbarmherzigkeit sprengen meist alles bisher Gekannte.

Die ersten narzisstischen Ausbrüche werten die Opfer noch als „Missverständnisse", kommen sie doch nicht auf den Gedanken, dass Strategie dahinterstecken könnte, ausgerechnet bei dem Menschen, der sie angeblich so sehr liebt.
Ist nun der Narzisst ein böser Mensch? Ein Monster gar? Nun ja, er ist ebenso Opfer seiner Umstände wie der Co-Narzisst. Im Grunde haben sie eine ganz ähnliche „Wunde", nur hat sich der Narzisst unbewusst dafür entschieden, dass ihm niemand mehr zu nahekommt. Nach dem Motto: „Bevor ich verletzt werde, verletze ich!" Darin

kann auch ein gewisses Risiko am Ende der Beziehung stecken, sehen doch Narzissten ihre Opfer in gewisser Weise als Besitz an. Und ein Opfer hat keine eigenen Entscheidungen zu treffen.

Wenn überhaupt, dann beendet also der Narzisst die Beziehung, aber niemals das Opfer! Vor diesem Hintergrund müssen wir leider immer wieder in Zeitungen lesen oder im Radio hören, dass z. B. Partnerinnen getötet wurden, die sich aus einer narzisstischen Beziehung lösen wollten und/ oder einen neuen Partner hatten. Dies stellt die ultimative Kränkung für einen Narzissten dar und so bläst er sich noch einmal zur vollen Größe auf nach dem Motto: „Wenn ich dich nicht haben kann, dann soll dich keiner haben!“ Die Folgen einer narzisstischen Beziehung können für die Opfer verheerend sein.

Durch die Gehirnwäsche, welcher sie unterzogen wurden, trauen sie ihrer eigenen Wahrnehmung nicht mehr. Durch die Täuschung verlieren sie das Vertrauen in andere und durch das große Leid verfallen nicht wenige in eine völlige Hoffnungslosigkeit und Apathie. Der Schmerz, dass der vermeintliche „Traumprinz“, der ja anfangs die tiefsten Bedürfnisse erfüllte, von dem sie sich vielleicht zum ersten Mal im Leben richtig geliebt fühlten, der Seelenverwandte, dem sie zutiefst vertraut haben, zum Feind wird, ist unerträglich. Alte Wunden, wie Angst vor dem Alleinsein,

Minderwertigkeitsgefühle, die ständigen Zweifel, „nicht gut genug zu sein", das alles bricht nicht nur wieder auf, sondern mit großer Macht über die Opfer herein.
Scham- und Schuldgefühle kommen hinzu, ob dieser unfassbar großen Täuschung.

Durch die Anspannung, die während der gesamten Beziehungszeit herrschte - mit Ausnahme der Honeymoon-Phase des Anfangs vielleicht - wurde das Nervensystem der Opfer dauerhaft in höchste Alarmbereitschaft versetzt. Jedoch sind wir Menschen für diese Art der Daueranspannung nicht gemacht. Wir brauchen immer zwei Pole - also Anspannung und Entspannung beispielsweise - um flexibel zu bleiben und schwingen zu können. Dies hat leider auch biochemische Prozesse zur Folge, die bis zur absoluten körperlichen Erschöpfung und seelischen Resignation reichen können.

Eine narzisstische Beziehung, eine toxische Partnerschaft sind also durchaus eine Gefahr für Körper, Geist und Seele und nicht nur eine unschöne Geschichte. Sie hinterlassen nicht selten traumatisierte Opfer, die nur mit professioneller Hilfe wieder ins Leben zurückfinden.

Dieser Ratgeber bietet Ihnen eine gute Möglichkeit, sich dem Thema Narzissmus zu nähern. Selbst wenn Sie schon einige Kenntnisse darüber haben, möchte ich Sie gerne einladen, sich beim Lesen ganz bewusst darauf zu konzentrieren, was die Beziehung mit Ihnen macht oder gemacht hat und wie Sie Ihr Leben zukünftig gestalten und verbessern wollen. Seien Sie geduldig und gnädig mit sich selbst. Es gibt keinen Grund für Schuld- und Schamgefühle! Seien Sie andererseits aber auch entschlossen, das Steuer Ihres Lebens wieder selbst in die Hand zu nehmen, und nicht in einer Reinszenierung Ihrer vielleicht vergifteten Kindheit steckenzubleiben.

Wir können die Vergangenheit nicht ändern, aber wir können aus ihr lernen und dafür sorgen, dass unsere Zukunft besser wird. Dass wir ein zufriedeneres Leben führen und unseren Kindern ein heiteres und unbeschwertes Aufwachsen ermöglichen.

Ich denke, wir sind nicht nur auf der Welt, um zu „überleben“, sondern um wirklich etwas daraus zu machen.
Das kann anstrengend sein und in manchen Zeiten sehen wir kein Licht am Ende des Tunnels. Aber es ist da!
Und es gibt ein glückliches, selbst-bestimmtes und authentisches Leben nach einem narzisstischen Missbrauch.
Machen Sie sich auf den Weg dorthin!

Ich weiß bestimmt, es lohnt sich und wünsche es Ihnen von Herzen.

Angelika Beck
Heilpraktikerin für Psychotherapie
Praxisschwerpunkt: Narzissmus

Was ist Narzissmus?

Der Mythos

Aus der griechischen Mythologie stammt die Geschichte vom schönen Jüngling Narziss. Bereits Ovid erzählte von dem anmutigen Sohn des Flussgottes Kephissos und der Flussnymphe Leiriope. Doch er war kein Kind der Liebe, sondern das Produkt einer Vergewaltigung. Von Beginn seines Lebens war ihm kein Glück beschieden. Früh prophezeite der blinde Prophet Teiresias ein langes Leben, unter einer Bedingung: sich nie selbst zu erkennen.

Durch seine Schönheit zog Narziss Mädchen wie auch Jungen in seinen Bann, doch jeder, der für ihn entflammte, wurde kaltherzig von ihm abgewiesen. Nicht nur die unglückliche Nymphe Echo starb an gebrochenem Herzen. Das rief Nemesis, die Göttin der ausgleichenden Gerechtigkeit, auf den Plan. Um Hilfe gebeten, verhängte sie zur Strafe für seine Gefühlskälte den Fluch der unerfüllbaren Selbstliebe über Narziss. Als er eines Tages ins Wasser blickte, verliebte sich der Jüngling in sein Spiegelbild. Doch ihm war unmöglich, sich selbst darin zu erkennen. Da ihm nicht erlaubt war, in dieser unsterblichen Liebe Erfüllung zu finden, schmachtete sich Narziss aus Liebesleid zu Tode.

Soweit die Erklärung zum Ursprung des Begriffs, doch Hand aufs Herz, wissen Sie genau, was man darunter versteht? Der Duden erklärt uns Narzissmus – basierend auf der Legende – als Synonym für übersteigerte Selbstliebe und Ich-Bezogenheit, Wikipedia fügt dem noch die Selbstbewunderung hinzu. Bereits die reine Definition hat einen negativen Beigeschmack.

Bedeutung und Verwendung des Begriffs

Ihr haftet etwas gesellschaftlich Unsoziales an. Doch das Phänomen des Narzissmus ist zu kompliziert und vielschichtig in seinen Erscheinungsformen, um es einfach in eine Denkschublade stecken zu können. Welche Formen von Narzissmus gibt es? Sind sie alle krankhaft oder kann Narzissmus auch positive Aspekte haben? Ist Narzissmus eventuell sogar ein Teil der menschlichen Natur?

Diesen und weiteren Fragen rund um das Thema wird dieser Ratgeber etwas näher auf den Grund gehen. Sie kennen Menschen, die nur zu ihrem eigenen Vorteil handeln und die ihre Ellenbogen ausfahren, wenn Sie ihnen in die Quere kommen? Dann sind Sie in guter Gesellschaft. Fast jeder Mensch kennt eine solche Person oder hat das Wort „Narzisst“ schon selbst gebraucht, ohne sich klar zu machen, was es im Grunde bedeutet.
Oder auch, ob es eine so beschimpfte Person kränkt, wenn ihr im Streit „du Narzisst“ an den Kopf geworfen wird, weil sie egoistisch gehandelt hat. Denn Egoismus ist nicht per se verwerflich und auch nicht automatisch mit Narzissmus gleichzusetzen, sondern lediglich ein einzelner Aspekt davon. Nur wenn wir wissen, welche Merkmale zu Narzissmus gehören und was ihn ausmacht, können wir unterscheiden, ob er als vorübergehende Verhaltensweise, als Charaktermerkmal oder als psychische Krankheit auftritt? All das sind Facetten von Narzissmus, denn er existiert in unterschiedlich starken Ausprägungen.

Umgangssprachlich wird als Narzisst ein arroganter Mensch bezeichnet, der egoistisch seine eigenen Ziele verfolgt, stark von sich eingenommen ist und dem egal ist, wenn er dabei die Bedürfnisse anderer Menschen ignoriert oder herabsetzt. Ihn zeichnet ein deutlicher Mangel an wahrer Empathie im Sinn von Mitgefühl aus. Die ihn umgebenden Menschen sind für ihn seine Bewunderer, denn er glaubt, seine positive Selbsteinschätzung würde auch uneingeschränkt von seiner Umwelt geteilt. In dieser Art des Wortgebrauchs von Narzissmus spielt ein moralisches Urteil mit. Als Narzisst bezeichnete Personen werden als gesellschaftlich unsozial und überheblich angesehen. Gelingt ihnen ein Leben in der Normalität, mit einem (zumindest in Teilen noch vorhanden) sozialen Umfeld, dann sprechen wir von Narzissmus als einem ausgeprägten Charaktermerkmal. In jedem Fall fehlt Narzissten, durch den blockierten Zugang zu ihren eigenen Gefühlen, das emotionale Nachvollziehen der Gefühle anderer Menschen. Das schließt ihnen nahestehende Personen ein bzw. trifft diese in besonders hartem Maß. Narzissten sind von der Bewunderung durch andere Menschen abhängig, weil sie ihnen Nahrung gibt und ihr Ego bestätigt. Für die Erreichung eigener Ziele sind sie bereit, ihr Umfeld auszunutzen, zu manipulieren und auf alle erdenklichen Arten gering zu schätzen. Empathie mit ihren Bewunderern für sie eine rein theoretische Angelegenheit, da sie aufgrund des Mangels an Liebesfähigkeit zu einem tiefen Gefühl wie Mitleid nicht fähig sind. Die Menschen, mit denen sie sich umgeben, wählen sie umgekehrt dagegen stark nach ihrer Empathiefähigkeit aus, um zu gegebenem Anlass davon profitieren zu können. Übersteigerte Selbstliebe wird häufig als ein Symptom von Narzissmus angesehen.

Aber Selbstliebe bedeutet im Wesentlichen nichts anderes, als sich so anzunehmen und zu akzeptieren, wie man ist. Gerade weil sie das Selbstwertgefühl stärkt, kann ein wenig übersteigerte Selbstliebe nicht die Ursache für das typisch narzisstische Verhalten wie Egoismus, Rücksichtslosigkeit, Arroganz und mangelnde Empathie sein. Viel eher zeichnet Narzissten eine starke Selbst-Verliebtheit aus, die ein vergleichsweise oberflächliches Gefühl ist. Der Drang sich fast ausschließlich mit sich selbst zu befassen, sich selbst als großartig zu empfinden und kaum echtes Interesse an anderen Menschen aufzubringen, sind deutliche Kriterien für ein geringes Selbstwertgefühl und nicht für ein gesundes. Auch die extremen Stimmungsschwankungen eines Verliebten finden wir bei Narzissten wieder.

Je pathologischer ihre Ausprägung des Narzissmus jedoch wird, desto extremer pendeln die Betroffenen zwischen Hochphasen des Empfindens der eigenen Großartigkeit und tiefen Abstürzen in die Depression, vor allem dann, wenn sie auf massive

Ablehnung stoßen. Nachlassende Bewunderung ihrer Angehörigen bestrafen sie mit Nichtachtung bis zum Liebesentzug.

In diesen Fällen ist am Narzissmus nichts mehr normal oder alltäglich, sondern es liegt eine krankhafte Narzisstische Persönlichkeitsstörung vor, kurz NPS genannt. Noch ein Unterscheidungsmerkmal: „Normale" Narzissten sind sich ihres Handelns bewusst und rechtfertigen die „Strafen" gegen ihre Mitmenschen mit dem mangelnden Respekt vor ihrer Grandiosität. Krankhafte Narzissten haben den Zugang zu ihren wahren zwischenmenschlichen Gefühlen vollkommen verloren. Emotionale Schutzwälle, die sie im Lauf ihres Lebens errichtet haben, hindern sie daran zu erkennen, wie verletzlich sie im Grunde sind, und dass ihnen ein positives Selbstwertgefühl komplett fehlt. In allen Bereichen ihres Lebens sind sie von äußerer Bestätigung vollkommen abhängig. Meist sind sie hervorragende Schauspieler, die ihrer Umgebung vorspielen, ihr Leben besser im Griff zu haben als ihre Mitmenschen, und dass dies sie erfolgreicher und liebenswerter mache als alle anderen. Auf der Suche nach dem ultimativen Kick durch neue Liebespartner, neue Projekte oder durch andere Arten der Selbstbestätigung haben sie etwas von Süchtigen. Die rationale Kenntnis der Empathie dient pathologischen Narzissten dazu, ihre Manipulationsstrategien zu verfeinern und die wahre Empathie ihres sozialen Umfelds auszunutzen. Da sie aber nur Gefühle für sich selbst besitzen, empfinden sie Mitleid ausschließlich mit sich selbst. Wie Zuschauer registrieren sie die Emotionen, die sie bei anderen auslösen, ohne sich dafür schuldig zu fühlen. Eigene Rechtfertigungsmechanismen sind zu ihrer persönlichen Realität geworden, in der alle anderen lügen, betrügen und manipulieren, nie aber sie selbst. Wie Autisten leben sie exklusiv in ihrer spezifischen Welt mit ihrer eigenen Wahrheit. Solange die Ausbeutung und Abgrenzung von ihrer Umwelt reibungslos funktioniert, sehen sie nicht die Notwendigkeit, Hilfe in Anspruch zu nehmen. Sie sind sich ihres pathologischen Narzissmus schlichtweg nicht bewusst. Sie als Angehörige sollten verstehen, dass dies Krankheitsmechanismen sind, bevor Sie die Ihnen vom narzisstischen Angehörigen zugewiesene Schuld, auf sich beziehen! Von Narzissmus wird neben dem umgangssprachlichen auch im wissenschaftlichen Bereich, vorrangig in der Psychologie und Psychiatrie gesprochen, der Begriff findet sich jedoch ebenfalls in der Philosophie und Soziologie und sogar in der Organisations- und Managementforschung wieder. Besonders in der Psychologie wurde er häufig jedoch so ungenau definiert, dass wiederholt Kritik an seiner wissenschaftlichen Anwendbarkeit aufkeimte.

Eine einheitliche wissenschaftliche Definition über alle Bereiche hinweg gibt es demnach nicht. In seiner übersteigerten Erscheinungsform sind von pathologischem Narzissmus Schätzungen zufolge ca. 4 Prozent der Bevölkerung betroffen. Wie wir aufgezeigt haben, sind die Ausprägungsart des Narzissmus, die Stärke seines Auftretens sowie der Leidensdruck, der sich bei den Betroffenen und ihren Angehörigen aufbaut, die Merkmale einer Unterscheidung zwischen der wissenschaftlichen und der umgangssprachlichen Verwendung des Begriffs. Weist das narzisstische Verhalten eines Menschen stark destruktive Züge in Bezug auf sich selbst, aber auch zu Lasten des direkten sozialen Umfelds auf, können Sie mit Sicherheit von pathologischem Narzissmus ausgehen.
Doch wo endet die Normalität und wo beginnt die Pathologie? In jedem Fall ist Grenzen zu ziehen extrem schwierig, denn bewusst oder unbewusst tragen viele, wenn nicht fast alle Menschen narzisstische Grundzüge in sich.

Wie viel Narzissmus steckt in jedem Menschen?

Eine gewisse Dosis Narzissmus ist Bestandteil des menschlichen Wesens, denn es bedeutet nichts anderes, als sich selbst zu mögen. Wer morgens gern in den Spiegel schaut, zeigt schon bewusst oder unbewusst narzisstische Anteile von sich. Das ist nicht bedenkenswert, denn ein wenig Narzissmus verhilft im Gegenteil zu einer positiveren Ausstrahlung und zu einer stabileren Persönlichkeit. Insofern ist er eine Triebfeder, um eigene Ziele höher zu stecken und danach zu streben, diese auch zu erreichen. Selbstliebe ist die Grundvoraussetzung für funktionierende Beziehungen zu anderen Menschen. Wer sich selbst liebt, ist imstande auch andere Menschen so zu lieben, wie sie sind. Es bedeutet, fähig zu sein, die eigenen Bedürfnisse mit denen des sozialen Umfelds abzustimmen. Ein gesundes Maß an Selbstliebe entspringt einem stabilen Selbstwertgefühl und umgekehrt. Sich selbst verwirklichen zu wollen und dabei die Anerkennung von außen zu suchen, ist Bestandteil von Beziehungsfähigkeit, da wer sich selbst liebt, sein positives Grundgefühl auch mit anderen Menschen teilen möchte und kann. Ein Mensch, der sich über eigene Erfolge freut und dies auch gern anderen mitteilt, ist vielleicht eitel und ein wenig narzisstisch veranlagt, aber noch kein ausgeprägter Narzisst. Insofern ist „gesunder Narzissmus" eine zwiespältige Bezeichnung.

Jede sich positiv äußernde Form des Egoismus entspringt einer gesunden Selbstliebe und sollte dann auch eher so genannt werden. Für manche Menschengruppen, wie die Hyper- oder Hochsensiblen, ist ein gewisses Maß an Egoismus sogar unerlässlich, da sie wesentlich empfindsamer auf Außenreize reagieren. Für sie ist es, um nicht krank zu werden, in unserer immer lauter und schneller werdenden Welt immens wichtig, Grenzen zu setzen und auf die Wahrung der eigenen Bedürfnisse zu achten.

In einem von Leistung geprägten Umfeld kann mitunter nur der bestehen, der ein erfolgsorientiertes Selbstbild besitzt. Auch sich Anerkennung durch andere Menschen zu wünschen, ist durchaus normal. In manchen Berufsgruppen, vorrangig die, die im Rampenlicht stehen, ist ein gewisses Maß an narzisstischem Verhalten sogar Voraussetzung für den beruflichen Erfolg. Narzissten können sich in der Regel besser gegen ihre Konkurrenz durchsetzen. Unbestreitbar ist, dass ein gesundes Maß an Selbstliebe der eigenen Psyche guttut. Ein positives Selbstwertgefühl hilft die eigenen Bedürfnisse zu erkennen und unterstützt den Selbsterhaltungstrieb in kritischen Situationen. Zudem möchte sich fast jeder als etwas Besonderes fühlen und aus der anonymen Masse hervorstechen. Allein sich über eigene Erfolge freuen zu können, wirkt auf unsere Mitmenschen konstruktiv, ansteckend und sympathisch. Aber nur, solange ein ebensolches Maß an Toleranz und Verständnis der sozialen Umgebung gegenüber besteht. Mit anderen Worten, solange der „gesunde Narzisst“ nicht nur ein Nehmer, sondern auch ein Geber ist. Ein Indikator für eine normale oder bereits in den Anfängen krankhafte Ausprägung von Narzissmus kann sein, ob ein Mensch in der Lage ist, relativ selbstgenügsam zu leben oder ob sein seelisches Gleichgewicht vollkommen abhängig von der Bestätigung durch andere Menschen ist.

Als positiv bewerteter und allgemein verbreiteter Narzissmus endet dort, wo destruktive Abhängigkeiten entstehen. Die Übergänge dorthin sind fließend und schwer zu fassen. Sie als betroffene Angehörige oder Arbeitskollegen wissen aus Erfahrung, je ausgeprägter die narzisstischen Züge sind, desto extremer präsentieren sich ihre Kehrseiten. Wenn das Gleichgewicht zwischen Egoismus und Menschliebe, zwischen Selbstwertgefühl und Respekt für Mitmenschen nicht mehr aufrechterhalten werden kann, droht das aufgebaute Selbstbild einzustürzen. Der Narzisst isoliert sich zunehmend von seinem gesellschaftlichen Umfeld und umgekehrt. Sein System gerät ins Wanken, wenn sich Menschen, die er als Unterstützer zählte, zurückziehen. Extreme Selbstüberschätzung ersetzt das noch vorhandene Selbstvertrauen und aus Zielstrebigkeit wird rigider Eigennutz. Auf seine soziale Umgebung wirkt die Selbstliebe nicht mehr positiv, sondern im besten Fall entfremdend.

Zum echten Problem wird der Narzissmus aber dann, wenn der betroffene Mensch beginnt, selbst unter den Schattenseiten seines narzisstischen Charakters zu leiden. Wenn sich seine sozialen Kontakte bis zu den Familienmitgliedern nach und nach von ihm zurückziehen, weil sie seine Rücksichtslosigkeit nicht mehr ertragen, kommt es zu einer Krise. Zwischenmenschliche Beziehungen, sei es die Familie, die Partnerschaft oder der Freundeskreis gehen in letzter Konsequenz komplett in die Brüche. Die ständige Ausbeutung der Energien und Gefühle von Angehörigen als Bestätigung der eigenen Grandiosität findet ebenfalls ein Ende, wenn eine nahe stehende Person dem Druck nicht mehr standhält und selbst erkrankt. Auch wenn die starke Ausbildung des Narzissmus als Krankheit statistisch gesehen nur auf einen äußerst geringen Prozentsatz der Bevölkerung zutrifft, wird „Narzissmus" als wesentlicher Bestandteil des modernen Gesellschaftssystems immer häufiger zum Thema.

Narzissmus als gesellschaftliches Phänomen

Steckt unsere Gesellschaft in der Narzissmus-Falle oder haben wir gar eine weltweite Narzissmus-Epidemie?
Das ist ein allseits präsentes und nimmer müde zu diskutierendes Thema in unseren Medien. Spürt sich der

Mensch nur noch im Dauerkonsum und in seinem Streben, sich seine Einmaligkeit durch Selfies in jeder Lebenslage zu beweisen?

Tatsache ist, der gesellschaftliche Umgangston ist rauer geworden. Ausgeprägte Ellbogenmentalität und Gier sind zum Zeichen für eine narzisstische Störung der gesamten Gesellschaft geworden. Nicht mehr nur der Einzelne kämpft um Anerkennung, Bestätigung, Besitz und individuelle Vorteile. Die Suche danach ist allein schon Ausdruck einer kollektiven narzisstischen Bedürftigkeit. Die Inhaber der Macht leben es uns vor. In Politik, Wirtschaft, Sport und Unterhaltung hat nur Erfolg, wer sich am besten verkauft und am unerbittlichsten durchsetzt. Ganze TV-Formate leben von Jagd nach Anerkennung, Ruhm und Geld. Um Anerkennung zu erlangen, scheint der narzisstische Mensch zu fast allem bereit. Rüde Umgangsformen in Chefetagen und der Politik wie auch die Quälerei der Kandidaten in dem Rennen um sinnlose Erfolge in Casting-Shows sind nur Beispiele für den Verlust unseres moralischen Wertesystems. Die Jagd nach Superlativen bekommt eine Sogwirkung. Schneller, schöner, erfolgreicher etc. lauten die Superlative, denen wir Alltagsnarzissten hinterherhetzen. Eigennutz und Geltungsdrang werden heute ebenso als normal angesehen wie Maßlosigkeit und übersteigerter Perfektionismus. Die Dauerpräsenz von Medien und Internet trägt einen großen Teil zu diesem Suchtverhalten bei, da es sich auf manchen

Formaten im Wesentlichen nur um das Ausleben der eigenen Eitelkeit dreht. Das Scheinen hat das Sein schon lange abgelöst. Der kollektive Drang nach individueller Selbsterhöhung lässt das gesellschaftliche Miteinander verkümmern. Eigenschaften wie Verständnis, Geduld und Rücksichtnahme sind der unbedingten Selbstverwirklichung hinderlich. Wenn die Befriedigung der emotionalen und materiellen Bedürfnisse des Einzelnen im Vordergrund steht, führt das unweigerlich zu einer Verrohung des sozialen Kontaktes. Kinder lernen früh von ihren Eltern, wie sie vermeiden können, aus dem gesellschaftlichen Raster heraus zu fallen, indem sie sich nach außen positiv darstellen.

Wie sieht es also, angesichts eines so immensen Konkurrenzdrucks in allen Lebensbereichen, hinter der Fassade in der Psyche der Menschen aus? Wie der Esel der Mohrrübe am Stab folgt, läuft der Mensch einer nicht eintreten wollenden Selbsterfüllung hinterher. Wähnt er sich am Ziel, ist dieses bereits auf eine weitere Ebene vorgerückt. In dem Bestreben alle Anstrengungen mögen irgendwann zum Erfolg führen, erweist sich das Glück als permanente Illusion. Die Suche nach einer noch größeren Herausforderung beginnt erneut und hinterlässt nichts als das Gefühl innerer Leere. Manch einen verleitet der Verlust eines moralischen Kompasses zu dem Wunsch, durch Alkohol- oder Drogenrausch der Konfrontation mit dem wahren Selbst zu entkommen. Das Hochgefühl der Selbstüberschätzung endet abrupt, sobald der Rausch abklingt. Narzissmus scheint uns als das einzige probate Mittel gegen Ängste, Zweifel und Komplexe, die sich allen Anstrengungen zum Trotz nie ganz verdrängen lassen. Dieser Erklärungsansatz spricht wohlgemerkt von einer gesellschaftlichen Tendenz, die sich abzeichnet. Sie wird beobachtet und diskutiert, um die Prozesse zu erkennen und zu hinterfragen. Doch die Gesellschaft besteht aus uns allen. Abgrenzung allein hilft nicht weiter, um eine Entwicklung aufzuhalten. Jeder von uns kann Initiative ergreifen. Mit einem kritischen Blick auf Ihr eigenes Umfeld haben Sie die Chance, bedenkliche Entwicklungen im privaten Bereich frühzeitig zu erkennen und ihnen etwas entgegen zu setzen.

Wie wir gelernt haben, ist narzisstisch zu sein keine Frage von eigener Schuld. Bereits die Legende weist auf mitunter schmerzliche Anlässe zur Entstehung extremer Selbstverliebtheit hin. Traumatische Erlebnisse in der Kindheit, von den Eltern übernommene Werte der Leistungsgesellschaft, aber auch der Mangel an Emotionen oder vererbte Verhaltensmuster können Ursachen für übersteigerten Narzissmus sein, auf die wir hier näher eingehen werden.

Wie entsteht Narzissmus?

Die narzisstische Sozialisation

Ein Mangel an Zuwendung und Fürsorge

Über die folgenden Erklärungsversuche herrscht weitestgehend Konsens in den meisten populären und auch wissenschaftlichen Quellen, die öffentlich zugänglich sind. Eine narzisstische Störung wird als eine Bindungsstörung angesehen, die sich in den ersten drei Lebensjahren eines Kindes aufbauen und entwickeln kann. Diese Störung kann aus verschiedenen Gründen entstehen, die sich jedoch allesamt in einem Mangel an Emotionalität gegenüber dem Säugling äußern. Dem Kind kann nicht die Schuld daran gegeben werden, wenn es in den besonders prägenden ersten Jahren seines Lebens unter zu wenig mütterlicher Fürsorge und herzlicher Zuwendung leidet. Denn als erste Bezugsperson entscheidet vor allem die Mutter durch ihr Verhalten über die spätere Bindungsfähigkeit (oder eben leider auch die Bindungsunfähigkeit) ihres Kindes.

Unterschiedliche Studien und auch Erfahrungsberichte belegen, dass Narzissmus nur in einem sehr geringen Maß vererbbar ist, sondern das Resultat einer kindlichen Fehlentwicklung ist. Liebe und Aufmerksamkeit durch die elterlichen Bezugspersonen, aber auch Verständnis für das Kind sind ganz wesentlich für die seelische und gefühlsmäßige Entwicklung bis zum 5. Lebensjahr. Die kindliche Psyche sehnt sich nach bedingungsloser Liebe und positiver Bestätigung. Um seiner selbst willen geliebt und angenommen zu werden, ist eine, wenn nicht die Grundvoraussetzung zur Ausbildung einer ausgeglichenen und selbstbewussten späteren Individualität. Eine Chance, die erwachsenen Narzissten in frühester Kindheit verwehrt blieb. Das Traurige ist, viele Narzissten haben niemals echten menschlichen Kontakt erlebt. Selten steht eine böse Absicht dahinter, sondern oftmals haben die Eltern selbst einen Mangel an Zuwendung erlebt und sind deshalb nicht in der Lage, ihrem Kind die uneingeschränkte Liebe zu geben, die es so dringend braucht.
Dieser Teufelskreis der weitergegebenen Minderwertigkeitsgefühle kann sich über Generationen in einer immer wieder fehlgesteuerten Sozialisation fortführen.

Erhält ein Kind nur Zuwendung, wenn es gewünschtes Verhalten an den Tag legt, entsteht in ihm mit der Zeit das

Gefühl, dass es nicht liebenswert genug ist. Um Liebe zu bekommen, passt es sich folglich an und verhält sich so, wie es von ihm erwartet wird. Da ihm das nicht immer gelingen kann, erfährt es auf Dauer zu wenig Wertschätzung. Es fühlt sich minderwertig und glaubt, etwas grundsätzlich falsch zu machen. In der Folge entwickelt das Kind Schuldgefühle. In dem Gefühl, nie den gesetzten Erwartungen zu genügen, kann das Kind sich in Selbsthass hineinsteigern. Für die verletzte kindliche Seele ist dieser Selbsthass jedoch so schwer zu ertragen, dass es nur den unbewussten Ausweg sieht, ihn zu verdrängen. Um sich gut zu fühlen, entwickelt das Kind das Bedürfnis, Eindruck auf Eltern und andere Bezugspersonen zu machen und beginnt entweder Geschichten über eigene tolle Taten zu erfinden oder kleine Erfolge groß aufzubauschen. Diese phantasievolle Selbstüberhöhung ist keine bewusste Lüge, sondern eine Schutzfunktion der kindlichen Seele.

Das Kind beginnt selbst, fest an seine Geschichten zu glauben. Geäußerte Zweifel an dem Wahrheitsgehalt seiner Geschichten führen schnell zu Ausrastern. In die Enge getrieben, sieht es keinen anderen Ausweg als Aggression, die das seelisch verletzte Kind gegen andere, aber auch gegen sich selbst richtet. Um sich, selbst nach einer Strafe für das begangene Fehlverhalten, wieder besser zu fühlen, muss es sich erneut erhöhen und von der eigenen Großartigkeit überzeugen. So gerät es in einen Kreislauf aus Lügen, Strafe, schlechtem Gewissen und der Sucht nach Aufmerksamkeit. Auf der Suche nach Bestätigung für die nun empfundene eigene Größe werden alle schmerzlichen Erinnerungen verdrängt und der emotionale Zugang zu ihnen immer weiter verschlossen. Der Keim für sich entwickelnden Narzissmus ist gelegt.

Das überbehütete Kind

Seit einigen Jahren wird noch eine weitere Ursache für die Entstehung von Narzissmus und in seiner extremen Form der Narzisstischen Persönlichkeitsstörung verantwortlich gemacht. An einem kurzen und auch krassen Beispiel für eine Situation, die sich in ähnlicher Form täglich ereignet, lässt sie sich am einfachsten veranschaulichen:

Voller Wucht tritt ein Kind gegen das neue und teure Auto eines Nachbarn. Der sieht das und maßregelt das Kind, was den dazu geeilten Eltern gar nicht gefällt. Sie nehmen ihr Kind in Schutz und drehen den Spieß einfach um. Wer sich ein so ein kostspieliges Auto anschafft, muss einkalkulieren, dass es zu Schäden daran kommen kann. Außerdem hätte der Mann ja woanders als in der Nähe des Kindes, das nur seine Gefühle auslebt, parken können... Dies ist ein klassischer Fall von anerzogenem Narzissmus. Das Kind wächst überbehütet auf, ohne jemals Grenzen gesetzt zu bekommen. Durch die tägliche Erfahrung, alles zu dürfen und dennoch abgöttisch geliebt zu werden, hat es keine Gelegenheit zu lernen, wie es Schwierigkeiten, Kränkungen und Frustrationen aushält. Die so genannten Helikopter-Eltern, kreisen um ihr Kind, in dem ständigen Bemühen, ihm seine Einmaligkeit zu demonstrieren. Ihnen ist nicht bewusst, dass sie ihm damit jede Möglichkeit rauben, zu lernen, dass zum Leben gelegentlich Rückschläge gehören und wie es diese verkraften kann. Durch die überführsorglichen Eltern – manchmal ist es auch nur ein Elternteil, der glaubt, die Abwesenheit des anderen kompensieren zu müssen – bekommt das Kind das Gefühl außergewöhnlich, besonders und anderen überlegen zu sein. Weil es glaubt, selbst fehlerlos zu sein, sieht es die Schuld, wenn es in einen Konflikt gerät, selbstverständlich bei anderen Menschen. Auf Angriff oder „Missachtung" seiner Person reagiert das Kind sofort gekränkt und mit einem Wutausbruch. Es kompensiert seine Hilflosigkeit, weil es nicht gelernt hat, seine Probleme selbstständig zu lösen. In seinem Verhältnis zu den Eltern besteht kein Gleichgewicht. Da es immer im Mittelpunkt steht, bekommt das Kind nicht mit, dass auch die Eltern Bedürfnisse besitzen. Da die verhätschelnden Eltern für das Kind kein Vorbild sind, bringt es ihnen auch als Erwachsener zu wenig Respekt und Wertschätzung entgegen. Die Eltern haben ihm leider selbst beigebracht, auf die Wünsche und Bedürfnisse anderer Menschen keine Rücksicht nehmen zu müssen.

Überbehütung ist in der Erziehung die Kehrseite von Vernachlässigung, die sich aber auf die kindliche Psyche ebenso verheerend auswirkt. Spätestens in der Schule werden den kleinen Prinzen und Prinzessinnen äußere Grenzen gesetzt, mit denen die Kinder nicht umzugehen gelernt haben. Wenn Sie Lehrer sind oder auf sonst eine Weise mit Kindern arbeiten, können Sie sicher ein Lied von der Einmischung durch überfürsorgliche Eltern singen, die sogar Einfluss auf Lehrplan und schulische Beurteilung ihrer Sprösslinge nehmen wollen. Obwohl Liebesmangel und Liebesüberhäufung scheinbar konträre Formen von fehl gelaufener Sozialisation sind, sind sie ursächlich für die Entwicklung von Narzissmus. Die Eltern geben entweder den Mangel, den sie in ihrer eigenen Kindheit erleiden mussten, an ihr Kind genauso weiter oder sie kompensieren ihn, indem sie alles besser als ihre eigenen Eltern machen möchten und das Kind mit ihrer Liebe erdrücken. In beiden Fällen entsteht ein kleiner Tyrann ohne Mitgefühl.

Der Zusammenhang zwischen Empathie und Narzissmus

Bei der Beschäftigung mit der Empathiefähigkeit von Narzissten steht immer auch die Frage im Raum, ob deren zum Teil geringere Empathie durch die Selbstbezogenheit, in der sie aufgewachsen sind sowie durch den Mangel an mütterlicher Zuwendung ihnen gegenüber verkümmert ist. Aufgrund ihres kalten und oftmals verletzenden Verhaltens in ihrem sozialen Umfeld könnte davon ausgegangen werden, Narzissten würde die Fähigkeit fehlen, Emotionen anderer wahrzunehmen, geschweige denn nachzufühlen. Bei der Bandbreite, mit der sich Narzissmus im Alltag darstellt, lässt sich dies jedoch nicht eindeutig bejahen. Gespräche mit Narzissten haben ergeben, dass ihnen die Gefühle ihnen nahestehender Menschen wie Wut, Angst oder Enttäuschung im Gegenteil sehr bewusst sind, sie diese für sich nutzen und sogar darin Genugtuung finden. Betroffene, die mit einem Narzissten leben oder unter ihm arbeiten, bestätigen in ihren Berichten, dass Narzissten meistens sehr genau wissen, welche Knöpfe sie bei ihnen drücken müssen, um die gewünschten Reaktionen zu erhalten. Sowohl aus dem positiven wie auch negativen Echo des Angehörigen ziehen sie ihre Energie. Gefühle in anderen Menschen auszulösen und mit ihnen zu spielen, verleiht Narzissten ein Machtgefühl. Sie sind folglich in der Lage die Gefühle anderer zu lesen, was jedoch nicht bedeutet, dass sie sie auch nachvollziehen können oder wollen.

Der Unterschied von Empathie und Mitgefühl

Empathie bedeutet Einfühlungsvermögen in einen anderen Menschen, in seinen Schmerz, seine Trauer, aber auch in seine Freude zu besitzen. Umgangssprachlich wird das mit Mitgefühl gleichgesetzt, doch es besteht ein entscheidender Unterschied zwischen den Begriffen. Mitgefühl bedeutet, ein spontanes Gefühl für einen Leidenden zu entwickeln. Der Adressat des Gefühls kann eine völlig fremde Person sein, deren Leid oder Freude wir sehen und im Moment nachempfinden. Wesentlicher Bestandteil des Mitgefühls ist der starke Impuls der Person Trost spenden zu wollen. Empathie dagegen betrachtet Gefühle von einer höheren Warte aus, erkennt und analysiert sie, aber identifiziert sich nicht unbedingt gleich emotional mit dem Leidenden. Bei psychisch gesunden Menschen geschieht dies vor allem aus Selbstschutz, um schlechte und schmerzliche Nachrichten zu filtern. Kein Mensch wäre sonst in der Lage, sich das tägliche Grauen in den Nachrichten anzusehen.

Die Sichtweise ist völlig unterschiedlich. Wenn wir mit einem anderen Menschen fühlen, dann tun wir das aus unserer Sicht auf ihn heraus, sind wir empathisch mit ihm, dann versetzen wir uns in seine Lage hinein. In Bezug auf Narzissten ist es nicht nur ihr Mangel an Mitgefühl, sondern im Gegenteil ihre Gabe, ihnen bekannte Menschen zu lesen, zu erkennen, was in ihnen vorgeht. Eine Fähigkeit, die sie nutzen, um diese Menschen emotional auszubeuten.

Gibt es Heilung oder helfen Therapien?

Die schlechte Nachricht ist, psychische Erkrankungen wie Depressionen, Suchtverhalten, Psychosen usw. sind derart unterschiedlich und haben zu viele, teilweise noch unbekannte Ursachen, als dass man sie völlig heilen könnte. Ein Großteil von ihnen ist aber therapierbar und das ermöglicht den Betroffenen bestenfalls ein normales Leben.

Für NPS gibt es leider diese gute Nachricht nicht. Es steht nicht völlig außer Frage, unter gewissen Umständen Therapieerfolge verzeichnen zu können, doch dem pathologischen Narzissten fehlt in der Regel die Grundvoraussetzung, um eine Therapie überhaupt in Angriff zu nehmen: der eigene Leidensdruck. Das ist der Druck, den die Erkrankung durch das Leiden, das sie verursacht, auf den Betroffenen ausübt. Er motiviert ihn, aktiv nach professioneller Hilfe zu suchen. Genau dieser Umstand tritt aber bei krankhaften Narzissten so gut wie nie ein. Er empfindet sich nicht als behandlungsbedürftig und leidet unter Problemen nur insofern, als dass er seine Umwelt dafür verantwortlich macht, wenn in seinem Leben etwas nicht nach Plan läuft. Was andere Menschen an seiner Person auszusetzen haben, kann er selbst nicht nachvollziehen. Problematisch stellt sich auch dar, wenn die Empfehlung, sich in Therapie zu begeben, von außen an ihn herangetragen wird. Dieses Ansinnen allein empfindet er als Beleidigung und Nichtachtung seiner Überlegenheit. Schon den kleinsten Versuch, ihn dazu zu bewegen, empfindet er als Kritik und reagiert ungehalten darauf, mitunter sogar mit einem Wutausbruch.

Der einzig erkennbare Grund für einen Narzissten, sich freiwillig in psychotherapeutische Behandlung zu begeben, könnte eine objektive Verschlechterung seiner persönlichen Lebenssituation sein, die er nicht mehr ignorieren oder überspielen kann. Schicksalsschläge wie Tod oder Trennung einer nahen stehenden Person oder schwerer beruflicher Imageverlust durch Kündigung oder finanziellen Ruin könnten dazu führen, dass sich ein Narzisst aus freien Stücken, jedoch nicht ohne innere Widerstände und Zweifel, für eine Therapie entscheidet. Leider verspricht die Entscheidung allein noch keinen Erfolg!

Dem Problem von einem Narzissten als behandelnder Arzt akzeptiert zu werden, würde sich **jeder** potentielle Therapeut ausgesetzt sehen. Wie soll sich ein professioneller Psychotherapeut dem Narzissten annähern, wenn das eigentliche Problem nicht zur Sprache gebracht werden kann? Wie kann er ohne gründliche Untersuchung eine exakte Diagnose stellen, um herauszufinden wie komplex die Persönlichkeitsstörung ist? Vor die größte Herausforderung würde den Therapeuten wohl die Akzeptanz seiner Diagnose stellen. Jemand, der alles weiß und besser kann als andere Menschen wird vermutlich keinem Psychiater oder Psychologen zugestehen, ihn zu beurteilen. Da niemand über ihm stehen darf, lässt er sich auch von niemand etwas sagen. Sollte der Therapeut eine Koryphäe auf seinem Gebiet sein, wird der pathologische Narzisst ihn höchstens als Ebenbürtigen akzeptieren und versuchen, ihn nach ein paar Therapiestunden zu dominieren.

Der problematische Weg der Annährung zwischen Therapeut und Narzissten steht einer erfolgreichen Therapie schon von vornherein im Weg. Gesetzt den Fall, dieses Problem wäre überwunden, gehört es zum Wesen des Narzissten, seine Schwächen zu kaschieren und verbergen. Unter einer Persönlichkeitsstörung zu leiden wird er demzufolge nicht zugeben, selbst wenn es ihm bewusst sein sollte. Viel wahrscheinlicher wäre der Versuch, den Therapeuten für sich einzunehmen und selbst zu manipulieren. Aus seiner Warte glaubt er, es könnte gelingen, indem er über die Fehler und

Unzulänglichkeiten seiner Angehörigen oder Angestellten spricht, denen er die Schuld für seine Misere gibt. Er beklagt sich darüber, wie die Welt sich gegen ihn verbündet hat. Vielleicht öffnet er sich kontrolliert ein wenig, weil er sich mit dem Therapeuten als Ebenbürtigem solidarisiert und es ihm recht machen möchte. Falls der Arzt sich auf seinem Gebiet einen Namen gemacht hat, möchte er von ihm anschließend Anerkennung für seine Kooperationsbereitschaft. Wie wir es drehen und wenden, der pathologische Narzisst erfüllt allein durch seine Krankheit nicht die Grundvoraussetzungen, um eine erfolgreiche und langwierige Behandlung durchzustehen: Eigenverantwortung, ein kritikfähiges Selbstbild und der Wunsch, sich zu verändern. Als betroffene Partner oder Familie werden Sie dem beipflichten. Und besser als alle anderen, kennen Sie die Bandbreite der Varianten in denen Narzissmus auftritt.

An welchen Merkmalen erkennen wir Narzissten?

Charakteristische Verhaltensweisen

Narzissmus zeigt sich in vielen Facetten, die mitunter schwer zu erkennen sind. Gerade deshalb ist dringend davon abzuraten, einer Person vorschnell den Stempel „Narzisst" aufzudrücken. Bestimmte Merkmale weisen jedoch darauf hin, ob Sie es mit einem Narzissten zu tun haben könnten. Sollten sich diese nicht als vorübergehende Verhaltensweise herausstellen, sondern ein Charakterzug der betreffenden Person sein, können Sie davon ausgehen, dass Ihr Gegenüber zumindest einige Symptome einer narzisstischen Störung zeigt. Der von Psychotherapeuten zur Klassifizierung benutzte Leitfaden, kurz DSM genannt, spricht von verschiedenen Kriterien zur Bestimmung von pathologischen Narzissten. Wenn mindestens fünf davon erfüllt sind, liegen Anzeichen für krankhaften Narzissmus vor:

Übertriebene Selbstverliebtheit und Selbstbezogenheit

Vollkommen von ihrer eigenen Grandiosität eingenommen, lassen Narzissten keine Gelegenheit aus, auch ihr soziales Umfeld von ihren herausragenden Talenten und Leistungen zu überzeugen.

Ein idealisiertes Selbstbild

Narzissten halten sich für einzigartig und gehen davon aus, dass andere Menschen das sehen und anerkennen. Am liebsten umgeben sie sich mit ebenbürtigen, also gesellschaftlich hochgestellten Personen. Da sie glauben, selbst keine Fehler zu machen, sehen sie auf ihre normalen Mitmenschen als unter ihrem Niveau stehend herunter.

Ein ständiges Bedürfnis nach Bewunderung und Anerkennung

Nur die ständige Bestätigung von außen hält ihr Selbstwertgefühl aufrecht. Der Narzisst steht gern im Mittelpunkt und sonnt sich in der Aufmerksamkeit, die ihm seine Umgebung zuteilwerden lässt. Je mehr er gelobt wird, desto besser fühlt er sich.

Mangelnde bis keine Kritikfähigkeit

Da Narzissten davon ausgehen, dass sie Ihre Umgebung so fehlerlos und großartig wahrnimmt, wie sie sich selbst, können sie mit Kritik nicht umgehen. Widerspruch oder bereits dauerhaft verwehrte Zustimmung verletzt sie tief. Nicht selten reagieren sie mit Wut oder einem „Gegenschlag“ darauf. Oftmals strafen Narzissten ihre Umgebung auch durch Ignoranz und Liebesentzug.

Hohes Anspruchsdenken

Ihr Anspruch ist die Erwartung, besonders gut und zuvorkommend behandelt zu werden. Jeder Mensch sollte erkennen, dass sie etwas Besseres sind und deshalb auf ihre Erwartungen eingegangen werden muss.

Starker Neid

Für Narzissten ist Konkurrenz schwer zu ertragen. Treffen sie auf Personen, die scheinbar mehr erreicht haben oder noch erfolgreicher sind als sie, reagieren sie mit extremem Neid. Der Erfolg anderer droht ihnen die Aufmerksamkeit ihrer Umgebung zu entziehen. Sie drehen den Spieß um und stellen es so dar, als seien andere neidisch auf sie.

Ausbeuterisches Verhalten

Jeder, der einem Narzissten zum Erreichen seiner Ziele von Vorteil sein kann, wird erst umworben und dann ausgenutzt. Dabei empfinden sie keine Skrupel, da sie nicht auf den Gedanken kommen, ihr Verhalten als missbrauchend zu empfinden.

Mangelndes Mitgefühl

Empfindungen anderer Menschen können Narzissten zum eigenen Vorteil lesen, sie können aber nicht mitempfinden, was andere fühlen. Das bedeutet, auch die Verletzungen, die sie anderen zufügen, nehmen sie nicht wahr.

Allmachtsfantasien

In der Fantasie- und Gedankenwelt von Narzissten geht es um grenzenlose und idealisierte Vorstellungen ihres Erfolgs und ihrer Macht. In diesem Rahmen glauben sie auch an die ideale Liebe.

Kontrollbedürfnis

Narzissten möchten ihr Umfeld unter Kontrolle haben. Sie sehen auf andere herab und trauen ihnen nicht annähernd so viel zu wie sich selbst. Macht über andere auszuüben und sie zu kontrollieren ist deshalb für sie legitim.

Auch wenn krankhafte Narzissten in unterschiedlichem Maß über die beschriebenen Charaktermerkmale verfügen, sind sie doch nicht alle gleich. Was das Erkennen eines solchen Narzissten schwierig macht, sind die sehr unterschiedlichen Formen, in denen ihr Narzissmus auftritt.

An dieser Stelle wollen wir noch einmal betonen, nur ein Therapeut oder Facharzt kann abschließend beurteilen, ob es der vorliegende Narzissmus krankhafte Ausmaße angenommen hat. Grundlage für die Beurteilung sind unflexible Verhaltens- und Denkmuster, die sich über Jahre oder Jahrzehnte extrem stark ausgeprägt haben. Heute in unserer modernen Gesellschaft, in denen das Ego eine so bedeutende Rolle spielt, handelt es sich bei normalen Narzissten oder Typen mit narzisstischen Verhaltensweisen oft nur um egoistische und rücksichtslose Mistkerle. Der Krankheitsbonus steht ihnen nicht zu!
Meistens ist von männlichem Narzissmus die Rede, da er schätzungsweise dreimal so häufig auftritt wie weiblicher,

doch es lohnt sich auch diesen, einer näheren Betrachtung zu unterziehen.

Die Besonderheiten von weiblichem gegenüber männlichem Narzissmus

Während die beschriebenen Merkmale vor allem männliche Narzissten auszeichnen, tritt weiblicher Narzissmus in anderen Erscheinungsformen auf. Nicht selten entsprechen weibliche Narzissten dem Rollenklischee der perfekten Hausfrau oder der erfolgreichen Karrierefrau und attraktiven verführerischen Partnerin. Nicht selten möchten sie in ihrer makellosen Selbstwahrnehmung alle Anforderungen, die real oder vermeintlich an sie gestellt werden, unter einen Hut bringen. Als Lebensgefährtin wie als Mutter reagieren sie auf Stress eher passiv aggressiv oder auch überangepasst. In Bezug auf Kritik blocken sie ebenso überempfindlich wie ihre männlichen Pendants alles ab, was nicht mit ihrem Selbstbild übereinstimmt. Das passt auch zu ihrem Konfliktverhalten. Kommt es zur Auseinandersetzung nehmen sie eher die Opferrolle ein und kompensieren ihr Minderwertigkeitsgefühl in verstärkter Anpassung und großem Leistungswillen. Dieser Leistungswille oder auch Perfektionismus spiegelt sich in ihrem Part innerhalb ihrer Beziehungen wieder. Narzisstische Frauen tendieren dazu, regelrecht in ihrem Partner aufgehen zu wollen. Das kann dazu führen, dass sie sogar berufliche Erfolge des Partners als eigene empfinden. Dabei wünschen sie sich, der Partner wäre auf sie so stolz wie eine Elternfigur auf ihr Kind. Ein Stolz, den sie als Kind vermutlich nicht zu spüren bekamen. Auf den ersten Blick ist weiblicher Narzissmus schwerer zu diagnostizieren. Ihre Störung äußert sich vorwiegend in Begleiterscheinungen wie Bulimie, Depressionen oder einer Suchterkrankung. Die Narzisstin präsentiert sich und ihre Familie gern als vorbildlich. Doch selten ist sie eine liebevolle Mutter, die ihren Kindern gegenüber warmherzig und liebevoll ist. Solange alles entsprechend ihrer Vorstellung läuft und sie alles unter Kontrolle hat, kann sie sogar wie eine normale Mutter wirken. Ihre andere Seite zeigt sie, wenn sie sich mit dem Rücken an der Wand stehend fühlt. Einem abtrünnigen Ehemann gegenüber benutzt sie dann gemeinsame Kinder nicht selten sogar als Waffe. Doch ganz gleich, was hinter den Kulissen geschieht, das perfekte Bild der heilen Welt nach außen hin zu wahren, ist ihr immens wichtig und kostet sie viel Energie. Je größer die Differenz zu ihrem wahren Leben ist, desto aufreibender ist das tägliche Erleben dieses Balanceakts für sie.

Somit teilen weibliche Narzissten nicht wenige Eigenschaften mit verdeckten Narzissten.

Verdeckter Narzissmus – was zeichnet ihn aus?

Verdeckte Narzissten werden manchmal mit einem Trojanischen Pferd verglichen, da sich ihr Narzissmus nicht sofort zeigt. Deshalb laufen Sie, wenn Sie an einen verdeckten Narzissten geraten, Gefahr frühe Warnzeichen zu übersehen und falsch zu deuten. Auch wenn sich ihre übersteigerte Selbstbezogenheit nicht in offensichtlicher Selbstverliebtheit präsentiert, sind die verdeckten Narzissten genauso manipulativ wie offensichtliche Narzissten. Dass ihre destruktiven Verhaltensweisen nicht schon bei der Kontaktaufnahme erkennbar sind, macht sie für Menschen, die ihnen Interesse entgegenbringen, so gefährlich. Oftmals sind Sie als Betroffener emotional bereits zu sehr involviert, wenn Ihnen bewusst wird, auf wen Sie sich eingelassen haben. Aus diesem Grund ist es sinnvoll, einmal genau hinzusehen, ob es Warnsignale gibt, die aufhorchen lassen sollten – bevor die eigene seelische Verletzung zu sehr schmerzt.

Ein paradox erscheinendes Merkmal eines verdeckten Narzissten ist, dass er gleichzeitig schüchtern und introvertiert bis zur Verunsicherung wirken kann und dennoch von seiner eigenen Besonderheit eingenommen erscheint. Mit anderen Worten, in Gesellschaft hält er sich zurück, ergreift nicht das Wort, ist dann aber beleidigt, wenn er übersehen wird. Er kann sehr launisch und auch nachtragend sein und weiß dennoch, wie er Nahestehende dazu bringen kann, ihm seine Wünsche zu erfüllen. Wie ein offener Narzisst erträgt er keinerlei Schuldzuweisung, weil er keine Schuldgefühle besitzt. Als Angehöriger fühlen Sie sich in seiner Gegenwart jedoch ständig schuldig.

Ein verdeckter Narzisst ist überempfindlich und fühlt sich bei jedem kleinsten Anlass zurückgewiesen. Da er sich als Opfer des rücksichtslosen Verhaltens seiner Umgebung sieht, muss er auch so gut wie nie Eigenverantwortung übernehmen. Zu seinen Verhaltensmerkmalen gehört auch eine große Unzuverlässigkeit. Seine beständige Opferrolle versagt ihm, offen wütend zu werden, stattdessen äußert er seine Wut auf passiv-aggressive Art. Dazu gehört, dass er eher nachtragend und auch rachsüchtig ist. Eine subjektiv empfundene Kränkung kann auch nach Jahren wieder ans Licht gezerrt werden und ihm in einer Auseinandersetzung als Argument dienen. Sobald er von einem Menschen etwas haben möchte, kann er jedoch auch charmant und geistreich sein. Je früher Sie erkennen, dass die Charmeoffensive leider nichts mit ihnen persönlich zu tun hat, desto geringer ist Ihre Enttäuschung, wenn sie merken, dass sie nur Mittel zum Zweck war. Die Kehrseite dieses Charmes ist eine übergroße

Erwartungshaltung an Sie, seine Wünsche und Bedürfnisse bereits im Vorfeld zu erahnen. Neben den Schuldgefühlen, verursacht das auch den Dauerstress, sich ständig um ihn zu bemühen, aber seinen Ansprüchen nie gerecht werden zu können. Fühlt sich der verdeckte Narzisst von Ihnen zu oft enttäuscht, kann er verbal sehr verletzend werden. Dabei muss er nicht einmal laut werden, sondern er versteht es, seine Giftpfeile so geschickt abzuschießen, dass sie bei Ihnen ins Schwarze treffen. Reagieren Sie darauf mit einem Gegenangriff, zieht er sich sofort wieder in seine Opferrolle zurück und gibt Ihnen die Schuld an dem Streit. Dabei entwickelt er eine erstaunliche Sturheit und Beharrlichkeit und weicht keinen Zentimeter von seiner Meinung ab. Weil er eher passiv im Hintergrund agiert, gehört es nicht zu seinen Stärken seine soziale Umgebung durch eigene Gedanken und Taten zu begeistern und mitzureißen. Gelingt es anderen Menschen, reagiert er darauf neidisch und lässt nichts unversucht, um fremde Erfolge klein zu reden und niederzumachen. Da seiner Meinung nach im Grunde die größte Inspiration von ihm ausgeht, versucht er den Spieß umzudrehen und behauptet, andere seien auf ihn und seine Genialität neidisch. Auf Fremde und neue Bekannte kann er höflich und sogar zuvorkommend zugehen. Einen guten ersten Eindruck zu hinterlassen, bestätigt sein Ego und seine Selbstwahrnehmung, ein netter Mensch zu sein. Deshalb verblüfft seine Launenhaftigkeit und selbstgefällige Arroganz umso mehr, sobald man seine nähere Bekanntschaft gemacht hat. Dann zeigt er auch, wie wenig ihn die Sorgen und Nöte anderer berühren. Mitgefühl ist ihm ebenso fremd, wie die Bedürfnisse seiner Mitmenschen. Deshalb ist es ziemlich unmöglich, je wirklich an einen verdeckten Narzissten heranzukommen. Seine Gefühllosigkeit ist sein Schutzschild. Kein Wunder, wenn sich die Menschen in seiner Nähe von seiner inneren Leere angesteckt fühlen und diese auf sich selbst beziehen.

Wie perfekt ein verdeckter Narzisst es versteht, seine Umgebung zu manipulieren, weiß jeder, der sich auf eine ernsthafte Auseinandersetzung mit ihm eingelassen hat. Alles was Sie ihm vorwerfen, gibt er sofort viel schärfer zurück. Dabei gelingt es ihm, bei Ihnen Zweifel am Wahrheitsgehalt dessen, was sie ihm vorwerfen sowie an Ihrer eigenen Wahrnehmung zu säen. Geschieht das beständig über einen längeren Zeitraum hinweg, kann es dazu führen, dass Sie irgendwann glauben, mit Ihnen stimme etwas nicht und Sie hätten das psychische Problem. Diese Manipulationstechnik, die viele Narzissten perfektioniert zu haben scheinen, nennt sich „Gaslighting“. Dazu gehören neben offensichtlichen Lügen des Narzissten auch Versuche, die Erinnerungen seines Gegenübers zu manipulieren sowie dessen soziale Kontakte negativ gegen den Betreffenden zu beeinflussen.

Selbstverständlich wird nicht jeder verdeckte Narzisst sämtliche Symptome in dieser Deutlichkeit aufweisen.

Doch aufgrund der ungeheuren seelischen Zerstörungskraft und dem großen Schmerz, den er bei Menschen, die sich zu sehr auf ihn eingelassen haben, verursachen kann, ist die Kenntnis der wesentlichsten Warnsignale ein erster und wichtiger Schritt, um rechtzeitig auf Distanz zu ihm gehen zu können.

Glücklicherweise kennen die meisten Menschen maligne Narzissten nur als Schurken aus dem Fernsehen und aus Krimis oder auch aus der Geschichte. Hitler, Stalin, Saddam Hussein usw. waren berühmte Vertreter für die vermutlich seltenste, aber auch brutalste Form des Narzissmus.

Was verstehen wir unter einem malignen Narzissten?

Die zuvor genannten Namen ließen sich noch beliebig ergänzen, doch sie reichen völlig aus, um uns eine Vorstellung davon zu geben, was der Begriff Maligner Narzissmus umschreibt: Die Wesensart von bis zur Tiefe ihrer Seele bösen, gemeinen und asozialen Menschen, die vom eigenen Größenwahn vollkommen verblendet sind.
In der Psychologie ist maligner Narzissmus eine antisoziale Persönlichkeitsstörung in ihrer gefährlichsten Variante.
Der Unterschied zur klassischen antisozialen Persönlichkeitsstörung besteht im Verstehen und Empfinden

eines geringen Maßes an Empathie. Nicht, um sich in andere Menschen hineinzuversetzen, sondern um sie für eigene Zwecke auszunutzen. Ein weiterer wesentlicher Bestandteil dieser extremen Form des Narzissmus ist ein ausgeprägter Sadismus. Alles in der festen Überzeugung, eigene Abweichungen von der Norm als richtig und stimmig wahrzunehmen. Mit anderen Worten, der Drang anderen Menschen mit Worten und Taten körperlich und seelisch schaden zu wollen, ist für maligne Narzissten völlig normales Verhalten.

Man umschreibt malignen Narzissmus auch als grandiosen Narzissmus, da sich maligne Narzissten auf krankhafte Weise grandios und allen anderen deshalb so überlegen finden, dass deren (also unsere) Regeln für sie keine Anwendung finden. Ihr Herrschaftsanspruch innerhalb einer Gruppe ist für sie selbstverständlich und die Mittel, um diesen durchzusetzen entsprechen nicht selten ihrer sadistischen Disposition. Vor allem, wenn sie befürchten, jemand könne ihnen ihre Position streitig machen, kennen sie keine Skrupel. Zu feinen Differenzierungen ist ihr Denkschema nicht fähig. Deshalb gibt es auch nur gut (sie und diejenigen, die sie für ihren Machterhalt benutzen können) und böse (die Neider, die es auszumerzen gilt) für sie. In ihrem extrem schwachen Selbstwertgefühl reicht bereits eine leichte Kränkung ihrer Person aus, um einen ungehemmten Wutausbruch auszulösen. Kein Wunder, dass sich vor allem Diktatoren, gefährliche Terroristen, berüchtigte Kriminelle, Amokläufer und zwielichtige Anführer leicht als grandiose Narzissten identifizieren lassen.

Es wäre jedoch zu optimistisch anzunehmen, deshalb im Alltag nicht an einen malignen Narzissten geraten zu können. Mit den brutalen und sadistischen Verhaltensweisen seitens eines grandiosen Vorgesetzten, eines „mobbenden" Arbeitskollegen oder erdrückend dominanten Partners können Sie auch im Alltag schnell zu tun bekommen. Bedauerlicherweise sind besonders im privaten Bereich, aber auch im Berufsleben böswillige Schikanen mitunter nur schwer nachzuweisen. Falls maligner Narzissmus die Antriebsfeder von sadistischen Herrschertypen ist, was ist dann die Triebfeder von demonstrativ auftretenden Gutmenschen?

Gibt es auch altruistischen Narzissmus?

Es mag schwer vorstellbar sein, dass auch Menschen, die offensichtlich etwas Gutes für andere bewirken wollen, unbewusst aus übersteigert narzisstischen Motiven handeln. Aber warum sollte jemand, der sein labiles Selbstwertgefühl narzisstisch kompensiert, seine Mitmenschen automatisch unterdrücken oder emotional dominieren wollen?

Für kaum etwas gibt es in der Gesellschaft mehr Lob und Anerkennung als für gute Taten. Nicht jeder Narzisst, dessen Selbstwert von der äußeren Bestätigung abhängig ist, möchte sich als Anführer hervortun. Deshalb ist der altruistische Narzissmus auch am schwersten zu erkennen. Niemand kommt zunächst auf die Idee, einer Person, die sich aus sozialen Motiven für eine gute Sache einsetzt, unlautere Motive zu unterstellen. Das ist auch gut so, weil viele Menschen, die sich für andere engagieren, dies um der Sache willen tun. Für sie zählt das Resultat, das einem höheren Zweck dient. Der altruistische Narzisst hingegen engagiert sich für einen guten Zweck, um daraus Anerkennung, Bewunderung und Bestätigung seiner Person zu ziehen. Wofür er sich engagiert ist für ihn zweitrangig, solange es ihm das Prestige einbringt, selbstlos und großherzig zu sein. Das fällt zu Beginn seines Engagements nicht auf. Er präsentiert sich bescheiden, rücksichtsvoll, hört anderen zu und geht auf sie ein. Um möglichst viel Bewunderung zu bekommen, gibt sich der altruistische Narzisst übertrieben selbstlos. Oftmals ist dies der einzige Anhaltspunkt, seine wirkliche Motivation herauszufinden. Übergroße Genügsamkeit sollten Sie nicht unhinterfragt hinnehmen, denn spätestens, wenn die äußere Bestätigung für das selbstlose Handeln ausbleibt, wird der Narzisst sie einfordern. Er wird beginnen, eine Gegenleistung für seine Großherzigkeit zu erwarten und deshalb sein Gegenüber bei jeder passenden Gelegenheit an seinen eigenen Aufopferungswillen erinnern.

Findet der nicht genügend Würdigung, wird er selbst von seinen Taten reden und dafür sorgen, dass andere davon erfahren. Gleichzeitig wird er seine Überzeugungen als Maß der Dinge hinstellen und die Meinungen und Leistungen seiner sozialen Mitstreiter abwerten. Wie empfindlich und verletzbar der altruistische Narzisst letztlich ist, zeigt seine Reaktion auf Kritik. Fühlt er sich nicht in seiner Selbstwahrnehmung bestätigt, gerät er unter Druck. Sein demonstrativ nach außen getragenes Bild des völlig selbstlos agierenden, kann er kaum noch aufrechterhalten. Spätestens dann fällt auf, dass der vermeintliche Gutmensch nur aus egoistischen Motiven gehandelt hat.

Welche gefährlichen Auswüchse diese vermeintlich harmlose Form des Narzissmus haben kann, hat jeder schon einmal gelesen oder gehört. Geschichten über Priester, die Schutzbefohlene missbrauchen oder Pfleger, die alte und kranke Menschen quälen, nur um sie dann vor aller Augen retten zu können, sind täglicher Bestandteil der Nachrichten. Da niemand diesen Menschen die inneren Gründe für ihr Handeln ansieht, sollten Sie aufhorchen, wenn ein sozial engagierter Mensch mehr oder weniger offen eine emotionale Gegenleistung für seine Hilfsbereitschaft erwartet oder sogar darauf besteht.

Letzten Endes nutzen altruistische Narzissten in genau dem gleichen Maß wie andere Narzissten auch andere Menschen zu ihrem eigenen Vorteil aus. Wer ihnen auf den Leim geht, wird emotional ausgebeutet und ausgesaugt.

Wie äußert sich kommunaler Narzissmus?

Kommunale Narzissten sind die besten Freunde, die Sie haben können. Auf keinen Fall! Wenn sich Ihnen jemand mit dieser Einstellung nähert ist Vorsicht geboten, denn kommunalen Narzissmus zeichnet die grobe Selbstüberschätzung der eigenen sozialen Kompetenz und Hilfsbereitschaft im kommunalen Bereich aus. In einer Studie sahen sich als kommunale Narzissten eingestufte Menschen als Menschenfreunde an und gingen davon aus, selbst auch übermäßig beliebt zu sein. Ihre Umwelt teilte diese positive Einschätzung nicht und nahm sie als eher durchschnittlich beliebt wahr.

Es ist zweifelsohne interessant, die unterschiedlichen Erscheinungsformen zu kennen und in Kategorien einteilen zu können. Wesentlicher wichtiger, um nicht allzu tief in eine ungesunde Beziehung mit einem Narzissten zu rutschen, ist jedoch, rechtzeitig auf erste Anzeichen für eigenartiges Verhalten zu achten. In der ersten Begeisterung für eine Person ignoriert man schnell ein ungutes Bauchgefühl, das viel früher als der abgelenkte Verstand bemerkt, wenn etwas in dem Verhalten des Gegenübers irritiert oder sich falsch anfühlt. Haben sich erste Bedenken eingeschlichen, kann es hilfreich sein, sich anhand der Liste charakteristischer Verhaltensweisen Klarheit zu verschaffen. Dazu gehört ebenfalls, sich mit den Motiven für die narzisstische Besessenheit von Macht und ihre Gier nach Anerkennung zu beschäftigen.

Die narzisstische Sucht nach Kontrolle, Macht und Anerkennung

Aus welcher Motivation manipulieren Narzissten?

Durch Manipulation möchte der Narzisst Sie und damit Ihr Verhalten zu seinem eigenen Vorteil beeinflussen.
Der Nutzen, den er sich davon verspricht, kann zweckgebunden sein, weil er Sie für die Ausführung eines bestimmten Plans benötigt oder auch nur, um seinem Ego zu dienen, weil er seinen Kontrollzwang an Ihnen befriedigen möchte. Allein das Wissen um die Fähigkeit zur Manipulation anderer Menschen steigert sein Machtgefühl. Die Manipulation auszuführen noch umso mehr, da er von dem ständigen Beweis, seine Umgebung unter Kontrolle zu haben, psychisch abhängig ist. Vermutlich hat sich fast jeder Mensch gefragt, dem bewusst wird, dass er manipuliert wurde, warum gerade ihm das passiert ist? Die Antwort ist

einfach. Der Narzisst manipuliert seine Umgebung, weil er es kann. Die Manipulation anderer Menschen ist ihm ein wichtiger Beweis, sein Leben unter Kontrolle zu haben.

Sind Sie ein sozialer Mensch? Dann sind Sie möglicherweise auch ein geeignetes Opfer. Vertrauensvolle und mitfühlende Menschen gehen zunächst davon aus, ihr Gegenüber sei wie sie. Er (oder sie) sei ohne eigennützige Hintergedanken an ihnen interessiert, wenn er persönliche Fragen stellt, nachhakt und darauf eingeht, was sie antworten. Normale Menschen kommen zunächst gar nicht auf die Idee, jemand sammle nur deshalb Informationen über sie, um diese bei Gelegenheit für sich und seine Zwecke auszunutzen. Deshalb sind sie vertrauensvoll offen, wenn ihnen jemand sympathisch ist. Das macht es für Narzissten leichter, sie als künftige Opfer anzusehen und auszutesten, ob und wie sehr sie sich zum „potentiellen Beziehungsmaterial" eignen. Wobei Beziehung nicht nur für die klassische Mann-Frau-Beziehung steht, sondern für alle engen zwischenmenschlichen Verhältnisse.
Viele Betroffene fragen sich, warum sie das nicht früher erkannt haben? Einfach weil ihre Gefühle ihr kritisches Urteilsvermögen getrübt haben. Nicht ohne Grund. Wie wir wissen, können Narzissten ungeheuer charmant sein, wenn sie jemand umgarnen. Und sie sind Machtmenschen, die vorgeben, genau zu wissen, was sie wollen.
Macht fasziniert und verführt andere Menschen, zumindest

zunächst. Deshalb verstehen es Narzissten, sich souverän in der Öffentlichkeit zu präsentieren. Im Rampenlicht laufen sie erst zu ihrer Höchstform auf und kompensieren damit ihr schwaches Selbstwertgefühl. Das funktioniert jedoch nicht ohne die Bewunderung anderer Menschen. Der Narzisst muss andere Menschen manipulieren, weil nur ihre positive Rückmeldung, ihre Bewunderung und Anerkennung sein falsches Selbst zusammenhält. Ohne seine Gabe zur Manipulation wäre er niemals so erfolgreich. Nur durch geschickte Beeinflussung bringt er seine Umgebung dazu, in seinem Sinn zu agieren und seine wichtige Position innerhalb des zwischenmenschlichen Gefüges anzuerkennen und ihn dabei zu unterstützen, sie aufrechtzuerhalten.
Die Art und Weise, wie Narzissten manipulieren, ist deshalb so schwer zu erkennen, weil sie nur bedingt einem Muster folgen, sondern im Gegenteil mitunter sehr kreativ und fantasievoll dabei vorgehen. Je besser sie ihr Gegenüber studiert haben, desto schneller kommen sie an ihr Ziel.

Was bezwecken Sie mit ihrem Verhalten?

So wie manche Narzissten es auskosten, in anderen Menschen wie in einem Buch zu lesen, genießen sie es, selbst undurchschaubar zu sein. Zumindest halten sie sich in ihrem Überlegenheitswahn dafür. Tatsache ist, dass sie mit ihrer Launenhaftigkeit, wenn nicht undurchschaubar, so doch in gewissem Maß unberechenbar sind. Auch wenn sie sich für so überlegen halten, haben sie ihre Emotionen nicht unbedingt im Griff. Da nur Bewunderung ihren Motor am Laufen hält, haben sie ein breites Spektrum an negativen Gefühlen parat, wenn diese Zuwendung ausbleibt. Erst wenn sie es geschafft haben, dass auch andere unter ihren Stimmungen leiden, bessert sich ihre Laune. Sie haben ihre Macht demonstriert und kontrollieren wieder die Situation. Allerdings muss dieses Hoch nicht lange anhalten.

Wenn Sie von einem Narzissten abhängig sind oder waren, kennen Sie diesen zermürbenden Kreislauf und Ihre unzähligen Versuche Ihr „Versagen“ zu kompensieren, indem Sie nach einer Auseinandersetzung versuchen, ihm alles recht zu machen. Das genau ist der Irrglaube.
Solange der Narzisst dies nicht will, kann ihm niemand etwas recht machen. Er diktiert die Regeln für sein manipulatives Spiel, daraus bezieht er seine Bestätigung. Im Guten wie im Schlechten will er Herr der Lage sein.
Er lässt Sie glauben, dass es von Ihrem Wohlverhalten abhängt, wie die Stimmung zwischen Ihnen ist und demonstriert Ihnen gleichzeitig das Gegenteil. Er beweist seinem Umfeld seine Wichtigkeit, indem er alle anderen Menschen um ihn herum klein hält. Es liegt in der Natur des Narzissmus, dass der Narzisst seinen Anteil an diesem zermürbenden Verhalten

nicht erkennt. In seinen Augen ist er fehlerlos und sucht deshalb den Grund für seine Stimmungsschwankungen ausschließlich in seiner Umgebung. Da ihm sein soziales Umfeld (Partner, Kinder, Freunde, Kollegen, Untergebene) aber zu unzuverlässig ist und er sich aus seiner Sicht nie auf echte Zuneigung und Loyalität verlassen kann, bleibt ihm nichts anderes übrig, als seine vollständige Kontrolle über ihm nahe stehende Menschen zu festigen. Es ist für Narzissten ein innerer Drang, das Heft in jeder Situation in der Hand behalten zu wollen.

Ohne Manipulation und anderen Kontrollmaßnahmen ist ihnen dies nicht möglich. Welche negative Energie sie dabei aufbringen, kennt nur, wer sie am eigenen Leib erlebt hat.

Aggression und emotionale Zerstörungswut

Zu keiner Zeit seines Lebens hatte der Narzisst die Chance zu lernen, mit seinen Gefühlen auf sozial angemessene Weise umzugehen. Entweder, weil er seinen Schmerz und seine Wut, schon in früher Kindheit unterdrücken musste oder weil er nie gelernt hat, mit Frustrationen und Zurückweisung umzugehen. Nicht gelernt zu haben, mit ihnen adäquat umzugehen, bedeutet jedoch nicht, dass bei einem Narzissten keine Gefühle vorhanden sind.

Im Laufe einer normalen Sozialisation lernen Kinder, welche gefühlsmäßigen Reaktionen in welcher Situation angemessen sind. Kleine Kinder reagieren auf ein klares Verbot (z.B., wenn ihnen im Supermarkt eine Süßigkeit versagt wird) mit einem Wutausbruch, größere Kinder haben gelernt, ein Nein zu akzeptieren und nutzen es, um an anderer Stelle, etwas für sich herauszuholen.

Beim Narzissten bricht, wie bei einem Kleinkind, mitunter unbändige Wut aus ihm heraus. Seine Unfähigkeit eigene Gefühlsregungen einordnen und mit ihnen umgehen zu können, ist seine eigentliche Schwachstelle, da er immer sehr um Kontrolle bemüht ist. Ein Narzisst weiß, wie gefährlich unkontrollierte Gefühlsausbrüche sind und bemüht sich darum, sie so gut es geht zu unterdrücken. Doch manchmal braucht im Alltag nur eine Kleinigkeit schief zu gehen und der Tropfen, bringt das sprichwörtliche Fass zum Überlaufen. Ein kleines Missverständnis reicht in einer solchen Situation aus, um einen unangemessenen Wutausbruch zu provozieren. Der ist weder für den Betroffenen noch für den Narzissten angenehm. Ihm ist das Missverhältnis von Reaktion zu Anlass so wenig bewusst wie dem Kleinkind, aber er hat in dem Moment blinder Wut die Kontrolle über die Situation verloren. Wenn der Narzisst anschließend versuchen sollte, seinen unangemessenen Auftritt herunterzuspielen, dann allein wegen des Umstands, dass er die Lage für einen Moment nicht im Griff gehabt hatte. Gefühle der

Peinlichkeit, die er bei anderen verursacht hat, kann er zwar nicht nachempfinden, doch er weiß dennoch, dass jede Entgleisung nicht seinem Selbstbild vom kontrollierten Machtmenschen entspricht. Der Narzisst betrachtet seine Fähigkeit zur Selbstbeherrschung als ein Zeichen seiner Überlegenheit gegenüber anderen. In der Beherrschung seiner Emotionen ist er so gut trainiert, dass ihn auch nichts dazu bringt, sich zu positiven Gefühlsbewegungen hinreißen zu lassen. Jeder, der näheren Umgang mit Narzissten hatte, kennt sein inneres Unbeteiligt sein, wenn andere Menschen sich von einer guten Stimmung anstecken lassen. Selten wird man einen Narzissten unkontrolliert lachen sehen. Umso geübter demonstriert er seine schlechte Stimmung. Nur wenn er es geschafft, erneut im Mittelpunkt zu stehen, ändert sich seine Laune wieder schlagartig zum Positiven hin.
Zumindest vorübergehend.

Gefühle haben die Eigenschaft, sich nicht einfach in Luft aufzulösen. Werden sie über einen längeren Zeitraum unterdrückt, stauen sie sich an. Sie ständig unter Kontrolle zu halten, kostet eine beträchtliche Energieleistung.
Für Narzissten ist es deshalb eine Notwendigkeit, sich andere Wege zu suchen, um Aggressionen und Wut abzubauen. Nicht immer ist die Kompensation als aggressive Wut zu erkennen, sondern sie kanalisiert sich in bösartigem Lästern, überstrenger Erziehung, bis zum Exzess getriebenem Sport

oder im privaten Bereich in dominantem Sex usw. Mitunter gleicht ein Narzisst seine nicht ausgelebte Wut auch durch übermäßiges – auf den ersten Blick positives – Engagement für etwas aus.

Dafür stellt er nicht selten sogar neue Regeln für seine Tätigkeit auf und pocht auf deren Einhaltung. Mit dieser peniblen Art, die an Sadismus grenzt, unterdrückt er sowohl die Familie und wenn er Chef ist, die Angestellten im Betrieb. Er versteckt sich hinter dem Anspruch, die Regeln würden zur Verbesserung des gemeinsamen Lebens dienen und legt diese bis zur Absurdität rigide aus. Betroffene kommen meist nicht auf die Idee, hinter der Überkorrektheit eines Narzissten Aggression zu vermuten und passen sich notgedrungen an. Er wird ja nicht müde zu betonen, auf der Seite des Rechts zu stehen. Wenn es darum geht, seine Mitmenschen zu reizen, zu demütigen und zu quälen, verhält sich ein Narzisst sehr erfindungsreich.

Dem Dauerstress, ihren inneren Zwiespalt zwar zeigen zu wollen, es aber um ihres Selbstbildes willen nicht zu dürfen, entgehen Narzissten auf Dauer nicht. Egal, wie sehr sie sich auch darum bemühen, mit ihren negativen Gefühlen zu leben und sie zu unterdrücken, brechen diese durch, kann es zu einer spontanen Gewalttat oder einem psychischen Zusammenbruch kommen. Beides verursacht beim Narzissten große Schamgefühle, denn beides bedeutet den absoluten Kontrollverlust. Für die davon betroffenen ist es einfach nur verheerend!

Wie sehr eine Kindheit durch narzisstischen Missbrauch zerstört und ein Kind zum Co-Narzissten erzogen werden kann, zeigt die folgende Kindheitserinnerung:

Ein Fallbeispiel von Anonym:

„…Wenn Ihr fragt, was war dein Anteil, beginne ich nach meiner Schuld an der Trennung zu suchen. Und das zerreißt mich. Schuld. Ich fühle mich schuldig. Mein ganzes Leben. Ich konnte meine Mutter, die ewig leidend und schutzsuchend war, nicht vor meinem sadistischen Vater schützen und auch meine Geschwister nicht vor seinen üblen Misshandlungen. Eine wirkliche Tat führte zu üblen Misshandlungen und Demütigungen vor der ganzen Familie. Eine nicht begangene Tat auch. Ich musste meinen Bruder zusammenschlagen, der gerade eine OP am Auge hinter sich hatte und wurde von meinem Vater dafür gelobt, der sich das alles mit Genuss angesehen hatte.
Als das geschah, waren wir beide Kinder um die 8-9 Jahre.
Ich musste zusehen, wie er meine Schwester misshandelte und ich konnte nichts dagegen tun. Meine Mutter unterstützte mein schlechtes Gewissen. Sie nahm mich nie in den Arm. Niemals. Ich fühle mich immer noch schuldig. Was Du das als

Kind verdrängst, kommt irgendwann im Leben zu Dir zurück. Schuld Schuld Schuld Schuld Schuld Schuld…
Als Kind und Jugendlicher betete ich wie ein Besessener um die Vergebung meiner Schuld. Und wenn ich nicht richtig betete, dann hatte ich Angst davor, am nächsten Tag könne etwas Schlimmes passieren. Und dann sei ich wieder schuld, weil ich nicht richtig gebetet hatte. So betete ich oft die halbe Nacht, weil das vorherige Gebet nicht richtig gewesen oder nicht intensiv genug war. Ich war nur noch ein Nervenbündel aus Angst und Schuld. Meine Geschwister und ich wurden zu Denunzianten erzogen und wir verpetzten uns gegenseitig, um von den Eltern gelobt zu werden. Für den Verpetzten brach die Hölle los. Ich war auch ein Denunziant. Und ich war ein Kind. Schuld Schuld Schuld…"

Welche Rolle spielen Suchterkrankungen?

Wer seine Selbstliebe nicht leben kann, ist anfälliger für jede Art von Sucht. Das gilt sowohl für Narzissten als auch für ihre Opfer, die sich nicht selten selbst als liebessüchtig bezeichnen. Für Narzissten ist ihr größter Suchtfaktor ihr Verlangen nach Anerkennung. Bleibt die aus, dann fühlen sie sich wie auf Entzug. Es stimmt nur bedingt, dass Narzissten nicht unter ihren Defiziten leiden. Einige leiden ständig unter ihren Versagensängsten, die sie seit ihrer

Kindheit mit sich herumschleppen. Manche schaffen es, sich ihr Leben lang auf Kosten ihrer Co-Narzissten erfolgreich an die gesellschaftlichen Normen anzupassen, während andere spüren, dass ihnen etwas fehlt, ohne dies wirklich fassen zu können. In den meisten Fällen lassen sie
diese Gefühle nicht zu und machen weiter wie bisher oder lenken sich ab. Sie leiden erst richtig, wenn sie am Abgrund stehen, mit anderen Worten, wenn ihr falsches Lebenskonstrukt oder auch ihr Lügengebäude zusammengebrochen ist. Das geschieht fast immer durch einen persönlichen Verlust oder einen beruflichen Tiefschlag, hat folglich einen äußeren Auslöser.
Die wenigsten Narzissten sind in dieser Situation dazu in der Lage, ihre Rolle dabei zu überdenken. Lieber geben sie die gesamte Schuldzuweisung ihrer Umwelt. Aus diesem Grund suchen sie so gut wie nie von sich aus ärztliche oder therapeutische Hilfe auf, sondern greifen aus Selbstmitleid zu Alkohol, Drogen oder anderen Ablenkungen, um sich von ihrem Schmerz abzulenken und wieder besser zu fühlen. Doch es müssen nicht notgedrungen Gifte oder berauschenden Substanzen sein, von denen sich Betroffenen Linderung versprechen. Wenn das Ziel ist, jede bewusste Konfrontation mit ihrem verletzten Selbst zu vermeiden, gelingt ihnen das nicht nur durch Einnahme von Drogen, sondern auch mit Glücksspielen, durch das Internet, mit Sport etc. Letztendlich mit allem, was die Beschäftigung mit den schmerzlichen Gefühlen zerstreut. Auf extreme

Art betrieben, kann jede Betätigung, die Erfolgsgefühle verursacht, süchtig machen, sogar die Arbeit.

Warum sind Narzissten, die im zwischenmenschlichen Bereich alles tun, um Anhängigkeit zu vermeiden, so unkritisch gegenüber ihrer Sucht? Weil sie sie negieren, weil es Kritik an sich selbst nicht gibt. Da sie niemals zugeben würden, abhängig zu sein oder gar ein Problem damit zu haben, ist es so viel schwerer ihnen zu helfen, von ihrer Sucht loszukommen. Umgekehrt ist für Opfer von Narzissten, mitunter die einzige Möglichkeit ihre Abhängigkeit zu ertragen, Trost in einer Sucht zu suchen. Dann spüren sie ihre Verzweiflung darüber weniger, es – ohne Hilfe – nicht zu schaffen, sich klar von ihrem Peiniger abzugrenzen und sich endlich zu trennen.

Glücklicherweise sind sie als Co-Abhängige viel eher in der Lage, Hilfsangebote anzunehmen und sich durch harte Arbeit an sich selbst sowohl von der Abhängigkeit von ihrer Sucht als auch von der Hörigkeit von dem Narzissten zu befreien. Ihre Fähigkeit zu wahren Emotionen ist ihnen auf diesem Weg ein großer Vorteil. Das war ja genau der Grund, aus dem sie zuvor von ihrem Narzissten ausgewählt wurden.

Gibt es einen charakteristischen Opfertyp für Narzissten?

Der Narzisst ist für seine Opfer wie eine Droge. Doch wie nicht jeder Mensch Drogen affin ist, so ist nicht jeder Mensch anfällig für Narzissten. Deshalb besitzen diese ein feines Gespür dafür, wer sich als potentieller Co-Narzisst für sie eignet. Besäßen ihre Opfer ebenfalls eine so sensible Antenne für sie, fielen nicht so viele auf ihre Verführung herein. Doch Suchende sind wie Süchtige oftmals blind. Menschen suchen nach einem Partner, der zu ihnen passt. Das ist bei einem Narzissten nicht anders, wenn auch aus anderen Motiven. Suchen gesunde Menschen nach einem Partner, mit dem sie sich harmonisch ergänzen, sucht er nach einem Gegenstück, das er dominieren und manipulieren kann. Naturgemäß findet er das in keinen Menschen mit einem hohen Selbstwertgefühl und ausgeprägten Selbstvertrauen bzw. Selbstbewusstsein. Sein optimaler späterer Komplementär-Narzisst sollte beeinflussbar, voller Mitgefühl, ihm in Bildung und sozialem Status möglichst unterlegen, geduldig und loyal sein.

Durch die Notwendigkeit, im Alltag die Rolle des erfolgsgewohnten Machtmenschen zu spielen, sind Narzissten geübte Schauspieler. Einem an ihnen interessierten Menschen vermögen sie sehr überzeugend vorzuspielen, ein charmanter Traumprinz zu sein, der je nach Bedürfnis Verständnis oder eine starke Schulter anbietet. Wären die späteren Opfer nicht so bedürftig nach Liebe und Zuwendung, dann kämen ihnen viel früher Zweifel an der Perfektion, mit der sich ihnen der Narzisst zu Beginn präsentiert. Vielen erscheint er im Nachhinein als zu ideal zu Beginn ihrer Beziehung gewesen zu sein. Weil er das verspricht, was potentielle Partner suchen, wollen sie ihm Glauben schenken. Das bedeutet nicht, dass generell Opfertypen naiv sind. Der Narzisst trifft durch seine Fähigkeit, ihre Schwachstelle zu erkennen, bei ihnen nur genau den entscheidenden Nerv.

Falls es eine charakteristische Gemeinsamkeit von narzisstischen Opfertypen gibt, dann ist das der Wunsch nach einer starken Person, die sie an der Hand nimmt und durchs Leben führt sowie die Bereitschaft, sich dieser Person dafür unterzuordnen. Nicht zu vergessen eine gewisse Gutgläubigkeit, die meist der idealisierten Phase des Kennenlernens geschuldet ist. Narzissten gelingt es rasch, ein Vertrauensverhältnis aufzubauen, indem sie erfassen, was ihr Gegenüber hören will. Das erzeugt beim Opfer das begeisternde Gefühl, den neuen Bekannten schon ewig gekannt zu haben. Kaum jemand wird in diesem frühen Stadium der Bekanntschaft kritisch sein und eine Taktik hinter so viel „Einfühlungsvermögen“ vermuten. Dennoch ist es ratsam, sich mit den leicht stereotypen Annäherungsversuchen auszukennen, mit denen sie ihre möglichen Opfer auf ihre Tauglichkeit überprüfen. Alle Alarmglocken sollten schrillen, wenn nach einer nur kurzen Annäherungsphase der Narzisst durch widersprüchliches Verhalten mit Ihnen zu spielen beginnt, wenn er als noch relativ Unbekannter zu offenherzig Privates von sich erzählt und dabei immer wieder betont, wie vertrauenswürdig er sei. Wenn Sie ein ungutes Bauchgefühl haben, ignorieren Sie es nicht!

Zusammenfassend lässt sich sagen, dass typische Partner von Narzissten nach außen hin als ihr Gegenstück auftreten. Ihre Bewunderung und ihr Mitgefühl sind die Nahrung für den Machtmissbrauch und die Dominanz des Narzissten. Sie sind Wachs in seinen Händen, das er nach Belieben Formen kann. So lange bis die Betroffenen erkennen, was sich hinter der grandiosen Fassade des neuen Partners verbirgt.

Über ein spezielles Einfühlungsvermögen in besonderem Maße verfügen hochsensible Menschen, weswegen sie sich als typische Geber mit den narzisstischen Nehmern auf unheilvolle Weise ergänzen.

Der Zusammenhang zwischen Narzissmus und Hochsensibilität

Hochempathische Menschen sind der Gegenpol zu Narzissten. Gerade dies ermöglicht eine unheilvolle Allianz, in der sich zu Beginn beide magisch voneinander angezogen fühlen. Durch ihre Einfühlsamkeit spüren Hochsensible die Liebesbedürftigkeit hinter der Großspurigkeit und vermeintlichen Selbstsicherheit ihres neuen Partners. Hinzu kommt ihre große Liebesfähigkeit, die wie Öl auf dem Feuer des narzisstischen Egos wirkt.

Sobald ihm allerdings die fast bedingungslose Zuwendung zu viel wird, beginnt er sich auf gewohnte Art abzugrenzen. Ein hochsensibler Partner kann nicht nachempfinden, was der Auslöser für die Zurückweisung ist. Er ist dem Narzissten stets nur mit Zuneigung und Verständnis begegnet. Je mehr der Narzisst alles daran setzt, um sein Gegenüber psychisch zu destabilisieren, je stärker seine emotionale Kontrolle wird, desto verzweifelter ringt der Hochempathische um sein Selbstwertgefühl. Anstatt sich von dem Narzissten abzuwenden, versucht er ihn mit noch mehr Liebesbeweisen zu überzeugen. Er übernimmt die Schuldprojektion auf ihn und verzweifelt, am Ende seiner Kräfte und seiner Gesundheit, an seiner Liebe. Um wieder zu gesunden, bleibt dem Opfer nur zu lernen, sich abzugrenzen und die Schuld am Scheitern nicht bei sich zu suchen. In verkürzter Form könnte so der fatale Verlauf einer Beziehung zwischen einem narzisstischen und einem hochsensiblen Menschen ablaufen. Gerade für sehr empathische und mitfühlende Menschen ist ratsam, sich mit den Warnsignalen einer narzisstischen Persönlichkeitsstörung vertraut zu machen. Je früher der Hochsensible begreift, den gestörten Partner nicht ändern zu können, desto größer sind seine Chancen, noch relativ unbeschadet aus dem Liebesverhältnis heraus zu kommen. Der Narzisst erkennt durchaus mit einem uneingestandenen Neid, dass der hochsensible Partner etwas besitzt, das ihm selbst fehlt. Er spiegelt sich in ihm. Er wird jedoch nie in der Lage sein, selbst eine tiefe Herzenswärme für einen anderen Menschen zu entwickeln. Im Gegenteil kann ihn gerade die Ahnung seines eigenen Mangels dazu bringen, den Hochsensiblen, der sich wegen seiner Leidensfähigkeit als Opfer auszeichnet, besonders niederträchtig zu behandeln.

Aufgrund ihrer Anfälligkeit für narzisstische Manipulationsversuche wäre es für Hochempathische das Beste, zu erlernen, wie sie die Anzeichen einer drohenden Gefahr frühzeitig deuten und sich ihr entziehen zu können. Ihre wunderbare Fähigkeit, ihre Gefühle intensiv zu empfinden und bedingungslos zu lieben, sollten sie nicht an jemand verschwenden, der sie nicht zu schätzen weiß.

Der Narzisst als Partner oder die toxische Beziehung

Der Narzisst und sein Co-Narzisst

Narzissten und ihre Co-Narzissten sind im Grunde zwei Seiten ein und derselben Medaille. Sie sind sich in Bezug auf ihr mangelndes Selbstwertgefühl und oftmals auch ihre Sozialisation sehr ähnlich, dennoch entstehen bei beiden Partnern daraus extrem unterschiedliche Verhaltensweisen. Die Suche nach Anerkennung und der Wunsch nach der Liebe des anderen verbindet sie. Während der Narzisst Selbsterhöhung mit gleichzeitiger Abwertung des Partners als seinen Weg wählt, eine Partnerschaft anzugehen, sucht der Komplementär-Narzisst im Narzissten das Ideal des eigenen Selbst und möchte mit ihm verschmelzen. Was nach einer scheinbaren gegenseitigen Ergänzung und somit einem Gleichgewicht aussieht, ist in der Praxis recht schnell zum Scheitern verurteilt. Was in großer Euphorie beginnt, endet im Abgrund. Mit anderen Worten: Die Fallhöhe ist in ihrer

Beziehung sehr hoch, denn im Grunde genommen schließt krankhafter Narzissmus eine Partnerschaft von vornherein aus.

Wie Sie vermutlich aus eigener leidvoller Erfahrung wissen, gibt es nicht die eine klassische Beziehung zwischen Narzissten und Co-Narzissten. Dafür ist die narzisstische Störung mit ihren unterschiedlichen Varianten zu komplex. Doch es gibt feste Kriterien und wiederkehrende Verhaltensmodi, die sich in vielen Beziehungen gleichen.

Offene Narzissten brauchen ihren Co-Narzissten in erster Linie zur Bestätigung ihrer Grandiosität, während verdeckte Narzissten sie benötigen, um ihr schwaches Ego zu unterstützen und aufzurichten. Ergänzen sich zwei Menschen auf diese Weise, entsteht eine Partnerschaft, die in Fachkreisen als „narzisstische Kollusion" bezeichnet wird. Am einfachsten lässt sich der Begriff als Schlüssel-Schloss-Verhältnis beschreiben. Narzisst und Co-Narzisst befinden sich danach in einem unbewussten Einvernehmen, weil ihre Konflikte sich stark ähneln. Theoretisch gäbe es noch andere mögliche Konstellationen, wie etwa eine Partnerschaft zwischen zwei Narzissten oder eine zwischen einem Narzissten und einer selbstbewussten Person.
Mit großer Wahrscheinlichkeit käme jedoch eine solche Verbindung erst gar nicht zustande, da schon im Vorfeld die gegenseitige Anziehungskraft fehlen würde, die eine

narzisstische Kollusion auszeichnet.
Im vorangegangenen Kapitel wurden die Opfertypen eines Narzissten skizziert. Die Bezeichnung Opfer ist jedoch zu Beginn einer narzisstischen Beziehung für den Co-Narzissten noch nicht zutreffend. Solange sich der Narzisst und er perfekt ergänzen, zieht der Co-Narzisst ebenfalls einen Vorteil aus der Verbindung, die beide eingegangen sind. Jeder sieht den jeweils anderen als Lösung seines uneingestandenen inneren Konflikts an. Ihre Rollen sind dabei äußerst klischeehaft. In der Beziehung mit einem grandiosen Narzissten, besteht die Funktion des Partners ausschließlich darin, ihn zu bewundern und seinem übersteigerten Selbstbild Nahrung zu geben. Der Co-Narzisst steht völlig im Schatten, ohne eigene Bedürfnisse zu erkennen oder gar ausleben zu wollen. Ihm reicht es aus, sich im Glanz des Narzissten zu spiegeln. Dessen Ruhm und Erfolg sind ihm Bestätigung und Dank für seine bedingungslose Unterstützung. Der narzisstische Partner lebt für seinen Beziehungspartner dessen versteckten Narzissmus aus, weil ihm dazu der Mut – wie auch das Bewusstsein davon – fehlt. Dessen Bewunderung erhöht ihn nicht nur, weil sie sein Ego bestätigt, sie gibt ihm auch immer wieder die Gelegenheit sich als ritterlicher Beschützer großherziger Mensch zu fühlen. Nach außen hin wirkt so ein Paar durchaus nicht unharmonisch. Während der Narzisst selbstsicher und dominant wirkt, wirkt der Partner schüchtern, teilweise sogar unterwürfig, in seinem Bestreben, ihm alles recht zu machen.

Darüber mag man sich als Beobachter amüsieren, die Beiden vermitteln dennoch das Gefühl, mit ihrem Arrangement glücklich und zufrieden zu sein. Man mag sich fragen, warum sich der Co-Narzisst mit so wenig zufrieden gibt. Ihm erscheint seine Unterstützung wesentlich für den Erfolg des Narzissten zu sein, woraus er ebenfalls ein Gefühl von Wichtigkeit erhält. Komplementär-Narzissten liegt es nicht, Verantwortung oder gar Eigeninitiative zu übernehmen.

Wie der Narzisst hat der Co-Narzisst in seiner Kindheit von einem narzisstischen Elternteil zu wenig Zuwendung und echte Liebe bekommen. Im Gegensatz zum Narzissten hat der Wunsch nach Kompensation beim Partner nun dazu geführt, jemand zu finden, dem er alles recht machen kann. Im Innern des Co-Narzissten lebt die Hoffnung, dafür dann mit wirklicher Liebe belohnt zu werden.

Treffen ein verdeckter Narzisst und sein potentieller Partner aufeinander, sieht die Aufgabenverteilung wenig anders aus. Verdeckte Narzissten nutzen ihren Co-Narzissten im gleichen Maße aus. Sie „meinen es immer nur gut“ mit anderen und inszenieren sich gern als Opfer, auch wenn ihr Hang zur Macht unterschwellig der gleiche ist. Der Co-Narzisst muss sich ebenso um sie kümmern, damit es ihnen gut geht. Daraus zieht er seine Bestätigung, diesmal in der Rolle des Samariters anstatt der des Bewunderers.

Was Co-Abhängige in beiden Beziehungs-Konstellationen auszeichnet, ist ihre Bereitschaft zur Selbstaufgabe und absoluten Loyalität zum Narzissten. Das führt dazu, dass sie – oftmals ohne sich dessen selbst bewusst zu sein – bereit sind, immer mehr von sich zu geben und aufzugeben, je fordernder ihr Pendant ihnen gegenüber auftritt. Sie sind dankbar für das was sie bekommen, ohne selbst etwas zu verlangen. Solange sich beide Parts scheinbar zu einem Ganzen vereinigen, läuft alles rund.

Aber was passiert, wenn eine Partei die Spielregeln eigenmächtig ändert, sich abwendet, mehr verlangt oder ganz ausbricht? Welche Mechanismen sich im narzisstischen Beziehungsalltag scheinbar verselbständigen und welche Phasen eine solche Beziehung in der Regel durchläuft, lohnt sich näher zu betrachten.

Das Drama Karussell – Phasen einer narzisstischen Beziehung

Eine narzisstische Beziehung ist eine Achterbahnfahrt zwischen euphorischer Liebe und abgrundtiefem Hass. Was sie so zermürbend für das Narzissmus Opfer macht, sind die vielen kleinen Hoffnungsschimmer, die es nach jeder Enttäuschung noch tiefer abstürzen lassen. Experten sprechen von drei Phasen, nach denen eine narzisstische Beziehung in aller Regel abläuft. Verkürzt bezeichnet man sie als Idealisierungsphase, Abwertungsphase und Wegwerf- oder Trennungsphase.

Phase 1

Wer kennt sie nicht, die Schmetterlinge im Bauch zu Beginn einer neuen Beziehung. Das trifft auch auf Narzisst und Co-Narzisst zu, sogar in sehr hohem Maß. Besonders der Co-Narzisst schwebt zu Beginn einer Romanze im siebten Himmel und kann sein Glück kaum fassen, einen derart perfekten Partner gefunden zu haben.

Der Traumprinz ist ungeheuer charmant und geistreich, er flirtet gern und liest seinem Partner jeden Wunsch von den Augen ab. Immer hat er brillante Ideen und hält tolle Überraschungen parat.

Und das Wichtigste: Nie wurde er so geliebt, fühlte sich so ernst genommen und hatte so guten Sex. Endlich scheint man den richtigen Partner gefunden zu haben, der einen für jemand Besonderes hält und mit dem man zu einer Einheit verschmelzen kann. Einen echten Seelenverwandten, wie der Narzisst nicht müde wird zu beteuern. Die Co-Narzissten sind vor Liebe high wie auf einer Droge und merken leider nicht, dass sie bereits zu diesem Zeitpunkt von ihrem Geliebten benutzt werden. So in etwa berichten die meisten Narzissmus-Opfer von den Anfängen einer Beziehung, bevor sie von Wolke 7 herunter gestoßen werden in die emotionale Hölle.

Phase 2

Nach einer Weile beginnt der Narzisst sich eingeengt zu fühlen. Die erste Euphorie ist vorüber und er betrachtet seine Eroberung mit kritischeren Augen. Oft noch unbewusst geht er auf Distanz. Es beginnt mit ersten Rissen in der vermeintlichen Harmonie. Die können sich durch einen großen Streit ankündigen oder auch schleichend auftreten, durch zunehmende einseitige Unzufriedenheit. Der Streit geht in aller Regel vom Narzissten aus und ist kein Resultat einer echten Meinungsverschiedenheit. Im Gegenteil wird

die Auseinandersetzung von ihm regelrecht vom Zaun gebrochen, vielleicht allein aus dem Grund, weil dem Narzissten zu viel Harmonie langweilig geworden ist. Es kann aber auch damit beginnen, dass der Narzisst unaufmerksam seinem Partner gegenüber wird.
Anstatt wie zuvor, den Co-Narzissten zu hofieren, beansprucht er plötzlich mehr Zeit für sich. Gleichzeitig betrachtet er den Lebensgefährten als Eigentum, über das er nach Lust und Laune verfügen kann. Er beginnt abwertende Bemerkungen zu machen und mäkelt am Co-Narzissten herum, der in seinen Augen plötzlich alles falsch zu machen scheint. Dessen Verunsicherung bestärkt ihn, weiter nach Schwachstellen bei ihm zu suchen und sein Selbstwertgefühl beständig weiter zu schwächen.
Zunächst mag sich der Co-Narzisst noch einreden, es sei nur eine schlechte Phase, die vorübergeht. Da er sich das Verhalten nicht erklären kann, verunsichert es ihn und er versucht umso mehr, alle Wünsche des Narzissten zu erfüllen und nur noch für und durch ihn zu leben. Stück für Stück gibt er dabei seine eigene Identität immer weiter auf. Da keine eigenen Wünsche und Bedürfnisse erkennbar vorhanden sind, verliert er seine Konturen. Selbst wenn der Narzisst nicht mehr auf die Wünsche des Partners eingegangen ist, war dieser für ihn noch in seiner Individualität als

Person attraktiv.
Jetzt findet er ihn uninteressant, er wird ihm zunehmend lästig. Selbstverständlich steckt in diesem Verhalten Konfliktpotential, da die Beziehung vollkommen aus dem Gleichgewicht geraten ist. Je stärker der narzisstische Teil spürt, dass er die Macht hat, den anderen zu demütigen und zu quälen, desto mehr reizt es ihn, sie auszunutzen.
Vor sich selbst rechtfertigt er das damit, dass der Partner sich zu seinen Ungunsten verändert habe. Für ihn trägt sein eigenes Verhalten keine Schuld an der Entwicklung. Ihn nervt einfach, dass sein Gegenüber klammert und ihm die Luft zum Atmen abdrückt. Dieses Empfinden dient dem Narzissten als Argument sich immer weiter zu distanzieren und sich anderweitig nach einem potentiellen neuen Partner umzuschauen.

Phase 3

Die häufigsten Verhaltensweisen von Narzissten gleichen sich auch in dieser Phase. Entweder engagiert der Narzisst sich vermehrt in Beruf oder Hobby oder unternimmt etwas allein mit Freunden und hat keine Zeit mehr für den Partner. Oder er konfrontiert diesen überraschend mit einer Trennung, die dem Co-Narzissten zumeist komplett den Boden unter den

Füßen wegzieht.
Seiner Lebensgrundlage beraubt, steht er am Abgrund. Der Partner war weder vorgewarnt noch hat er Anzeichen in diese Richtung gedeutet. In seinen Augen hat er alles getan, um dem Narzissten sein Leben zu verschönern.
Niemand kann erwarten, dass eine Trennung von einem Narzissten geregelt und fair abläuft. Entweder bekommt der emotional abhängige Partner in einer plötzlichen Auseinandersetzung alle Schuldzuweisungen ab und wird so lange niedergemacht, bis das sowieso schon geringe Ego vollends am Boden liegt. Der Co-Narzisst wird regelrecht aus der Beziehung gedrängt. Oder der Narzisst hat seinen Abgang bereits heimlich vorbereitet und verlässt den Co-Narzissten in einer „Nacht und Nebel" Aktion. In beiden Fällen steht der abhängige Partner vor einem Scherbenhaufen.

Es ist schwer zu sagen, welche Form perfider ist und das Selbstwertgefühl des früheren Liebespartners tiefer in den Abgrund reißt. Um selbst vor seinem sozialen und beruflichen Umfeld gut dazustehen, betreibt der Narzisst die Trennung in der Mehrheit der Fälle eher indirekt, indem er seinen Co-Narzissten so weit treibt, bis der keinen anderen Ausweg mehr sieht als die Beziehung selbst zu beenden. Wer die emotionale Abhängigkeit eines Co-Narzissten kennt, weiß, wie hoch die Verzweiflung für ihn sein muss, um von sich aus so einen Schritt zu machen. Andererseits rettet er sich so das letzte bisschen Würde in den Augen des Narzissten. Hat der Ex-Partner sich räumlich von dem Narzissten getrennt (die seelische Trennung beginnt jetzt erst richtig!), kann es passieren, dass das Interesse des Narzissten an ihm wieder wächst. Vielleicht hat der aber auch nur festgestellt, dass sein Abenteuer nicht lohnenswert war. Der Narzisst erinnert sich an die positive Bestätigung und Unterstützung, die er vom früheren Partner erhalten hat und beginnt diesen erneut zu umwerben. Nicht selten gibt der noch zutiefst verletzte und verletzliche Co-Narzisst dem Werben nach, in der Hoffnung, dass nun alles geklärt sei und endlich besser werde. Das funktioniert so lange, bis der Narzisst erneut den Absprung sucht oder der ständige Kampf um Anerkennung und Liebe erneut die Kräfte des Co-Narzissten übersteigen.

Leider sieht man keinem Narzissten seine emotionalen und charakterlichen Defizite an. Sonst wäre es leichter, sich vor solch einer desaströsen Beziehung zu schützen. Doch typische und wiederkehrende Verhaltensweisen und die Körpersprache können Sie vorwarnen, einem möglichen Narzissten zunächst mit Vorsicht zu begegnen.

Missbrauch früh erkennen

Emotionaler Missbrauch ist nicht einfach zu durchschauen. Er entsteht langsam. Manchmal beginnt es mit dem Gefühl mangelnden Respekts, einer kleinen Übergriffigkeit oder einfach nur einem Unwohlsein in der Gegenwart des anderen. Gefühle, die selten ernst genommen werden. Jeder hat mal einen schlechten Tag und das wird schon wieder. Eine Entschuldigung für das verletzende Verhalten des Partners oder eine unglückliche Beziehung lässt sich leicht finden. Opfer einer narzisstischen Beziehung spüren in sich oft die Tendenz, die Tragweite des selbst Erlittenen zu unterschätzen. Stattdessen bemühen sie sich, die positiven Seiten ihres Partners überzubetonen und sich an den Strohhalm zu klammern, alles würde wieder gut. Dahinter steckt die Angst vor dem Alleinsein. Um gar nicht erst in die Situation zu kommen, dass das eigene Selbstwertgefühl von einem Narzissten auf beständig nagende Weise zunehmend verletzt wird, ist es sinnvoll, eine neue Bekanntschaft unter folgenden Kriterien unter die Lupe zu nehmen. Denn wer die Auswüchse von krankhaftem Narzissmus nicht in seiner gesamten Tragweite erkannt hat, wird dazu neigen die Anzeichen nicht ernst genug zu nehmen oder falsch zu deuten.

Schuldzuschreibungen

In einer gesunden Beziehung ist nie nur einer an einem Konflikt schuld. Durch einen Streit oder ein klärendes Gespräch einigen sich die Partner und verzeihen einander. Es ist wichtig, das im Hinterkopf zu behalten, wenn Schuldzuweisungen einseitig sind und die andere Partei immer eine blütenreine Weste behält.

Achten Sie darauf, ob Ihr Gegenüber Sie für alles verantwortlich macht, was bei ihm gerade schief läuft oder auch in der Lage ist, Fehler einzugestehen!

Beabsichtigte Missverständnisse

Es ist normal, ab und zu aneinander vorbeizureden oder etwas falsch zu verstehen, was der andere gesagt hat. Manchmal interpretiert man einfach etwas Eigenes in die Worte des anderen hinein. Das lässt sich klären.
Ihre Alarmglocken sollten schrillen, wenn der neue Partner Ihnen ständig das Wort im Mund herumdreht und darauf beharrt, recht zu haben oder sogar so tut, als würde er Sie besser kennen als Sie sich selbst! Ebenfalls, wenn Sie sich von ihm schnell verwirren lassen und dann an Ihrem eigenen Verstand zweifeln.

Unvermittelter Liebesentzug

Wer schmollt nicht einmal vor seinem Partner und wünscht sich dann, mit einem kleinen Zuneigungsbeweis oder einer Entschuldigung aus dem Schmollwinkel geholt zu werden. Beim Narzissten ist Liebesentzug durch Nichtbeachtung eine Bestrafungsmaßnahme. Sollte er die an Ihnen öfter anwenden, dann ist das sein Problem, nicht Ihres!

Maßlose Übertreibungen

Jeder hat eine unterschiedliche Wahrnehmung und was für einen nichtig ist, ist für den anderen vielleicht wichtig. Das lässt sich durch ein Gespräch klären. Der Narzisst neigt sowohl im Guten (bei sich) wie im Schlechten (bei Ihnen) zu extremen Übertreibungen. So wird er seine eigenen Aktionen immer positiver und wichtiger darstellen, während er alles was Sie tun, herabwürdigt und nur bei Ihren Fehlern und deren vermeintlichen Konsequenzen übertreibt.

Irrationale Zukunftspläne schmieden

Wer spinnt in einer euphorischen Stimmung nicht gern herum und kratzt einmal an einer Utopie. Das macht

Spaß und tut keinem weh. Sollte er allerdings beim ersten Kennenlernen schon mit dem Verlobungsring wedeln und eine gemeinsame Zukunft planen, ist Vorsicht geboten.

Bedrohliches Verhalten

Mal so richtig seine Wut rauszulassen ist gesund, solange es weder Mensch und Tier noch einer Sache schadet.
Jeder verspürt mal nach einer angespannten Zeit das Gefühl, angestauten Überdruck loswerden zu müssen.
Es gibt viele harmlose Wege dies zu schaffen.
Seien Sie vorsichtig und gehen Sie auf Abstand, wenn Sie unkontrollierbare Aggressionen und unvermittelte Wutausbrüche bei ihrem neuen Partner entdecken.
Sie könnten sich eines Tages gegen Sie richten!

Isolationsversuche

Die Tendenz, während der ersten Verliebtheit möglichst viel Zeit ungestört nur zu zweit zu verbringen, ist nicht ungewöhnlich und legt sich nach einer Weile meist von selbst. Doch seien Sie wachsam, wenn Ihr neuer Partner Ihnen gegenüber besitzergreifend wird und versucht, Sie von Ihrem sozialen Umfeld zu isolieren bzw. es vor Ihnen abzuschirmen. Das ist Missbrauch!

Verbale Attacken

Im Streit rutscht (fast) jedem einmal ein unbedachtes Wort oder ein Schimpfwort heraus. Richten sich seine Beschimpfungen jedoch systematisch gegen Sie als Person, gegen Ihren Charakter, Ihr Aussehen oder versucht er sie immer wieder absichtlich zu kränken, dann ist das eindeutig nicht Ihr Problem, sondern seines. Er möchte Sie und Ihr Selbstwertgefühl klein halten!

Finanzieller Missbrauch

Sich einmal einladen oder sich etwas schenken zu lassen, ist eine normale Sache und beruht normalerweise auf Gegenseitigkeit. Werden Ihre Finanzen zum Thema und wünscht der Narzisst Einblick in Ihre finanziellen Aktionen, seien sie wachsam. Ein Narzisst wird Ihnen keinen Einblick in Details seiner finanziellen Verhältnisse gewähren, möchte aber bei Ihnen über sämtliche Einnahmen und Ausgaben Bescheid wissen. Achten Sie darauf, die Kontrolle zu behalten!

In der Gegenüberstellung zu normalen Varianten der beschriebenen Verhaltensweisen wird klar, wie ein Narzisst Alltagssituationen nutzt, um Sie als sein Opfer zu verunsichern, Ihr Selbstwertgefühl zu erniedrigen und Sie zu kontrollieren. Dieses Verhalten kann auch auf andere Weise in Erscheinung treten. Seien Sie achtsam, wenn Sie hinter dem Verhalten Ihres Partners eines dieser Motive vermuten. Je tiefer Sie bereits emotional in der Beziehung stecken, desto schwieriger wird das werden.

Der Weg aus der emotionalen Abhängigkeit

Jahrelang diente der Co-Narzisst seinem narzisstischen Partner als Energiequelle, die der jederzeit anzapfen und aussaugen konnte. Das ohnehin schwache Selbst des Opfers schrumpfte immer weiter. In vielen Fällen kam zu dem psychischen Missbrauch auch der körperliche hinzu, wenn der abhängige Partner dem Narzissten bei einem seiner Wutausbrüche in die Quere – oder gerade recht – kam.

So paradox es klingen mag, auch wenn der Narzisst sein Opfer über einen langen Zeitraum emotional und psychisch missbraucht hat, ohne ihn fühlt sich der Co-Narzisst unvollständig und verunsichert. In diesem Stadium ist es bis zu einer erfolgreichen Trennung noch ein weiter Weg.
Denn lange vor dem schwierigen Vollzug der Trennung beginnt der eigentliche Lösungsprozess aus der toxischen Abhängigkeit vom Narzissten. Das kann überhaupt nur gelingen, wenn sich der unter der Beziehung leidende

Co-Narzisst der geheimen Regeln einer narzisstischen Partnerschaft bewusst wird. Hat er von klein auf unter einem narzisstischen Elternteil gelitten, dann hat er die stillen Regeln mit der Muttermilch aufgesogen. Es sind diese unausgesprochenen Vorschriften innerhalb eines narzisstischen Verhältnisses, an die sich jeder Beteiligte zu halten hat. Sie bestimmen das beziehungstypische Verhalten zwischen Narzisst und Co-Narzisst, ganz gleich in welcher Konstellation. Ihre Befolgung hat sich oftmals so verselbstständigt, dass der Co-Narzisst keinen Gedanken darauf verschwendet, sie zu überdenken oder sogar in Zweifel zu ziehen. Aus diesem Grund ist es sinnvoll, sich einmal eingehender mit den typischsten Regeln eines narzisstischen Beziehungsgefüges zu beschäftigen.

1. Das Familien- oder Beziehungsgeheimnis

Ganz gleich wie lieblos oder emotional gestört das Verhältnis innerhalb der Beziehung mit einem narzisstischen Elternteil oder mit einem narzisstischen Partner ist, es herrscht Konsens, dass nichts davon nach außen dringen darf.

2. Das Bild nach außen

Seine perfekte Außenwirkung ist dem Narzissten extrem wichtig. Egal ob die Familie unter der narzisstischen

Lieblosigkeit leidet oder innerhalb der Beziehung gerade dicke Luft herrscht, die Inszenierung für die Öffentlichkeit muss perfekt und harmonisch wirken.

3. Das Tabu der Kritik

Wer mit einem narzisstischen Elternteil aufgewachsen ist, hat früh gelernt, dass Kritik an einem Narzissten oder seinen Ansichten zu üben ein absolutes Tabu ist. Das schließt berechtigte Kritik ein!

4. Ein Übermaß an Lob

Ähnlich einem kleinen Kind erwartet ein Narzisst für alles was er tut, gelobt zu werden. Das gilt auch für Banalitäten und lässt beständig sein geringes Selbstwertgefühl durchscheinen. Bleibt das Lob aus, hängt der Haussegen schief. Auch Dauerlob lässt sich antrainieren.

5. Keine Verantwortung und keine Entscheidungen

Um nicht selbst in die Kritik zu geraten, hält sich der Narzisst aus Entscheidungen gern heraus. Läuft etwas schief, kann er dem Co-Narzissten die Verantwortung zuschieben und erwartet von diesem umgehend auch sofort eine Entschuldigung für dessen Fehlverhalten. Gern hilft er auch etwas nach, damit etwas nicht klappt, um eine

Rechtfertigung für die folgende Schuldzuweisung zu haben.

6. Abwertung

Das zuvor beschriebene Verhalten geht mit einer bewussten Abwertung des sozialen Umfelds einher.
Man kann dem Narzissten nichts recht machen, was ihm das Recht gibt, die eigenen Angehörigen mit Verachtung zu strafen, aber dafür fremden Menschen Anerkennung für Nichtigkeiten zu zollen.

7. Grenzüberschreitung

Für Narzissten gelten nur die eigenen, nicht aber die Grenzen anderer Menschen. Diese können von ihm jederzeit ignoriert und überschritten werden. Er glaubt, es stehe ihm zu, die Geheimnisse des Partners weitererzählen oder auch ungefragt dessen Post lesen zu dürfen.

8. Unklare Kommunikation

Sich nur nie auf etwas festnageln lassen! Dazu gehört sich möglichst schwammig auszudrücken, in Andeutungen oder geheimnisvoll zu reden und zu lügen, falls doch etwas zur Sprache kommt, was dem Narzissten unangenehm ist.

9. Das Ablehnen der Gefühle

Was man nicht hat, darüber kann man auch nicht sprechen. Das gilt vor allem für Gefühle innerhalb der Partnerschaft oder des Eltern-Kind-Verhältnisses. Kinder oder der Co-Narzisst sind so gezwungen, ihre psychischen Verletzungen gegenüber dem Narzissten zu verschweigen.

Die Liste ließe sich leicht um mehrere Punkte ergänzen. Die Beispiele sollen in erster Linie verdeutlichen, woher diese stillen Regeln kommen und was sie bedeuten. Die Regeln werden manchmal bereits innerhalb narzisstischer Familien vererbt, weil sie sich als nützlich erwiesen haben. Danach zu leben bedeutet, sich nicht mit dem eigenen schwachen Selbstgefühl und Schmerz auseinandersetzen zu müssen und sich die Co-Narzissten gefügig zu machen.
Für Sie als Co-Narzissten, der sich aus seiner toxischen Beziehung lösen möchte, ist es der erste Schritt, die geheimen Regeln zwischen sich und dem Narzissten erst einmal zu erkennen. Überlegen Sie, ob das auch Ihre Regeln sind oder ob Sie sie nur um des lieben Friedens willen die ganze Zeit befolgt haben. Was wäre, wenn Sie sich einfach nicht mehr daran halten, weil Sie sich nicht mehr verbiegen möchten? Malen Sie sich aus, was Ihnen schlimmstenfalls passieren könnte, wenn Sie z. B. den Narzissten mit seiner Handlungsweise konfrontieren, anstatt die Schuld automatisch auf sich zu nehmen. Glauben Sie, dass Sie mehr

leiden, wenn Sie sich dagegen wehren, dass der Narzisst schlecht hinter Ihrem Rücken über Sie spricht? Wenn Sie sich mit Ihren Ängsten konfrontieren, werden Sie vielleicht feststellen, dass sie nicht schlimmer sind als Ihre momentane Lage. Stellen Sie sich einfach eine Situation vor, in der Sie nach Ihren eigenen Vorstellungen handeln und eigene Regeln aufstellen. Was wird der Narzisst tun? Wütend werden? Das ist er sowieso und es gibt ständig Situationen, in denen er explodiert, um Dampf abzulassen oder Sie zu strafen. Sich von Ihnen trennen? Das wollen Sie doch selbst, sonst würden Sie sich nicht mit diesem Thema befassen.

Fallbeispiel von Kristin Kube:

Beziehungshölle Narzissmus

„Am Anfang war alles ganz toll und leidenschaftlich. Nie hätte ich damals gedacht, wie sich das Ganze damals entwickeln würde - bis seine Maske fiel. Ich habe diesen Mann ehrlich und aufrichtig geliebt und wäre mit ihm durch die Hölle gegangen, wenn er ebenso aufrichtig mir gegenüber gewesen wäre. Er schickte mich lieber durch eine Beziehungshölle. Anfangs ignorierte und beschönigte ich jegliche Anzeichen dafür und hoffte darauf, es würde mit der Zeit besser werden. Was nie eintrat. Ich war jahrelang einem nicht endenden Psychoterror ausgesetzt, wurde abgewertet, emotional ausgebeutet und manipuliert. Es steigerte sich, bis ich tagtäglich terrorisiert wurde. Ich ließ mir so viele Sachen einreden und mich systematisch von meinem Umfeld (Freunde, Bekannte, sogar Familie) abschotten. Er behauptete, diese Menschen würden mir nicht guttun, sie würden sich ständig abfällig über mich äußern usw. Ich fing zunehmend an, daran zu glauben, ich sei einer der schlechtesten und abscheulichsten Menschen auf der Welt.

Gleichzeitig idealisierte ich den Mann, der mich dazu brachte, so zu denken und zu fühlen und begab mich immer mehr in eine wahnsinnige Abhängigkeit von ihm. Was anfangs Liebe war, wandelte sich nach den ersten zwei Jahren in völlige Abhängigkeit. Er bläute mir ein, er sei augenscheinlich der

Einzige, der mich liebte und mich so nahm, wie ich bin und das, obwohl ich so ein widerwärtiger Mensch war. Er hatte es geschafft, sein Ziel war erreicht. Ich war ihm hörig und ließ mich immer wieder von seinen Lügen blenden. Ständig zweifelte ich selbst an mir sowie meiner Wahrnehmung. Kurzzeitig glaubte ich sogar, ich wäre verrückt. Kritiken, die ich äußerte, waren für ihn ein ständiger Angriff gegen seine Person. Jedes Mal kam es zur Eskalation, wenn ich ihm seine fadenscheinigen Lügen um die Ohren knallte.
Wenn es ihm dann nicht reichte, mir gegenüber laut und beleidigend zu werden, griff er zu physischer Gewalt. Er verprügelte mich, bis ich um Hilfe schrie. Er brachte mich dazu, dass ich mich später dafür entschuldigte, wie ich es mir habe anmaßen können, ihm nicht zu glauben. Für ihn gab es weder ein Einsehen seiner Missetaten noch eine Entschuldigung für diese. Ich fing an zu glauben, es zu verdienen.

Sehr oft wurde ich von meinem Umfeld darauf aufmerksam gemacht, dass mir das Ganze nicht guttut und ich besser einen Schlussstrich ziehen sollte. Über die Jahre hin wurde mir das auch bewusst, aber ich war einfach schon zu kaputt, um den Absprung zu schaffen. Wie sollte es danach weitergehen? Er war immer noch der Einzige, der mich so nahm wie ich bin. Wie sollte ich ein Leben ohne ihn überstehen, da der Rest der Menschheit mich ja angeblich verabscheute? All das, was mir über die Jahre von ihm eingeredet wurde, hatte sich fest in meinen Kopf gefressen.

Anstatt einen endgültigen Schlussstrich zu ziehen, ließ ich mir den Missbrauch weiter gefallen. Erst als ein anderer Mensch in mein Leben trat, legte sich ein Schalter um und langsam konnte ich mich aus den Fängen des Narzissten befreien. Es war wohl eines der schönsten Gefühle, die ich je erlebt habe, als ich diesen Klotz von mir abschütteln konnte. Ich vergoss keine einzige Träne - im Gegenteil, ich lächelte und war erleichtert. Selbst als er mehrere Wochen danach noch versuchte, mich zurückzuerobern, blieb ich standhaft.

Mich hat diese Erfahrung sehr verändert, aber auch stark gemacht. Heute weiß ich ganz genau, dass ich mich niemals mehr so behandeln lassen werde! Mittlerweile bin ich glücklich, habe endlich eine Beziehung auf Augenhöhe und einen Mann an meiner Seite, der alles dafür tut, dass es mir bei ihm gut geht.“

Sie sind den ersten Schritt gegangen und haben erkannt, wie der Narzisst Sie manipuliert und missbraucht.
Jetzt haben sie den Punkt in Ihrem toxischen Verhältnis mit Ihrem Narzissten erreicht, an dem Sie Ihr Leben verändern und es für sich wieder lebenswert machen wollen.
Solange Sie keinen Abstand zu Ihrem Peiniger schaffen und Ihr Leben nicht selbst in die Hand nehmen, wird sich an Ihrer Situation nichts ändern. Konfrontieren Sie den Narzissten mit seinen Defiziten, geben Sie Ihre Opferhaltung auf und vor allem, suchen Sie sich Hilfe und Unterstützung,

sowohl in Ihrem Umfeld als auch von professioneller Seite. So wie Sie Ihren Narzissten kennengelernt haben, können Sie darauf gefasst sein, dass er Sie nicht kampflos ziehen lässt. Ihre Chance ist, jetzt herauszufinden, was Sie wirklich wollen.

Was kommt danach?

Ein Narzisst wird Kritik an seiner Person, die so weit geht, dass er verlassen werden soll, als massive Kränkung empfinden und sich in die Opferrolle begeben. Wenn er in dieser Situation nicht die erhoffte Zuwendung bekommt, wird er mit Aggression und Wut reagieren. Taktisch und großzügig, würde er sich vermutlich nur verhalten, wenn er die Trennung provoziert hätte, weil er sich neu orientiert hat oder das möchte. Wenn die Wut ihn auch nicht weiterbringt, wird er, um sein Ego wieder aufzurichten, alle ihm zur Verfügung stehenden Manipulationstechniken anwenden, um seinen Co-Narzissten zurück zu gewinnen. Sind Sie in dieser Situation, machen Sie sich bewusst, dass er seinen Charme nicht Ihretwegen persönlich auspackt, sondern um sein positives Selbstbild wiederherzustellen. Sie fühlen sich ambivalent? Ihre Vernunft bestätigt Sie in ihrem Entschluss, aber Ihr Gefühl möchte ihm eine weitere Chance geben? Besonders in dieser Phase benötigen Sie dringend Rückendeckung von Menschen, die von außen auf

Ihre Beziehung schauen und die Mechanismen erkennen, die der Narzisst gerade abspult. Fühlt er sich in die Enge getrieben, scheut er nicht davor zurück, mit härteren Bandagen zu kämpfen. Stellen Sie sich darauf ein, dass zu führende Auseinandersetzungen (besonders, wenn Kinder im Spiel sind und man verheiratet ist) nicht einfach werden. Versuchen Sie Ihre Ambivalenzen zu bekämpfen, indem Sie sich einzelne Stationen Ihres aufreibenden Beziehungslebens mit ihm vor Augen führen.
Wenn Sie sich sicher sind, bleiben Sie standhaft, denn Sie müssen bis zur endgültigen Trennung weiterhin mit ihm kommunizieren und seinen Manipulationsversuchen standhalten.

Kommunikation mit Narzissten

Verhaltensregeln für den Umgang mit Narzissten

Wer länger mit einem Narzissten zusammengelebt hat oder auf engerer Ebene beruflich zu tun hatte, weiß wie schwierig sich die Kommunikation untereinander gestaltet. Während er für sich die allergrößte Zuvorkommenheit erwartet, ist sein Umgangston oftmals sehr rüde und unhöflich. Narzissten denken anders, das bedeutet, sie handeln und kommunizieren auch anders als ihre Mitmenschen.

Grundvoraussetzung, um sich gegenüber einem Narzissten nach eigenen Maßstäben angemessen verhalten zu können, ist über seine narzisstische Störung Bescheid zu wissen. Wer hinter seine Fassade geschaut hat, hat nicht nur erkannt, wie der Narzisst seine Umwelt dazu bringt, sich ausschließlich seinen Wünschen gemäß zu verhalten. Er hat auch durchschaut, dass der Narzisst in einem selbst erschaffenen Lügengebäude lebt.

Mit dem Hinterfragen des narzisstischen Systems hat der Co-Narzisst für sich eine Basis geschaffen, die den Umgang mit ihm auf einem erträglicheren Maß ermöglichen kann. Doch das Wissen allein reicht nicht aus, um zu verhindern, dass der betreffende Narzisst immer wieder versuchen wird, das Leben und die Regeln seines Gegenübers zu bestimmen.

Für einen kritischen Blick bedarf es einer gewissen Distanz, die man sich für gewöhnlich hart erarbeiten muss. Einige Ratschläge für den Umgang mit Narzissten haben sich als sehr hilfreich erwiesen, bei dem Versuch Abstand zu ihm zu erlangen.

1. Grenzen ziehen und einhalten

Zu Beginn einer Beziehung verschmilzt der verliebte Partner mit der narzisstischen Person, die ihn auf perfekte Weise zu ergänzen scheint. Doch dieses Gefühl hält nicht lange an. Schnell weicht es der unguten Befürchtung, dass das Verhältnis immer mehr zu seinen Lasten ausgelebt wird. Das narzisstische Gegenüber beansprucht für sich Zeit, Aufmerksamkeit, Trost, Zuversicht, Liebe und manchmal auch materielle Dinge. Und was ist er dafür bereit dem anderen zu geben?

Wenn Sie so empfinden und das Ungleichgewicht erkannt haben, ist es höchste Zeit für Sie sich abzugrenzen.
Eine Grenze beginnt bei einem ersten „Nein!“ und bei der Besinnung auf eigene Bedürfnisse. Dem Narzissten wird es nicht gefallen, aber Ihnen wird es guttun. Sofort und auf lange Sicht!

2. Den Spiegel vorhalten

Ein Narzisst hält sich entweder an seinem Imponiergehabe oder an der Mitleidsrolle fest. In beiden Fällen merkt er nicht, wie lächerlich oder peinlich er dabei auf andere wirkt. Halten Sie ihm den Spiegel vor und konfrontieren Sie ihn mit seinem Verhalten. Es ist dabei nicht sinnvoll, ihn offen zu kritisieren. Sagen Sie ihm einfach ihre Meinung,
z. B. wenn er jemand ungerechtfertigt für etwas gerügt oder sich über eine dritte Person lustig gemacht hat. Lassen Sie sich davon nicht beeindrucken und gehen Sie mit Fingerspitzengefühl vor. Da er von Ihnen ausschließlich Bestätigung gewohnt ist, wird Ihnen Ihre abweichende Meinung ohnehin als Kritik auslegen.

Falls er Sie zum nächsten Opfer (z.B. seiner Lästereien) machen möchte, entziehen Sie sich am besten seinem Ärger. Gehen Sie einfach oder ignorieren Sie seine Kommentare.

3. Kritik gut verpacken oder im rechten Maß loben

Wer Kritik an einem Narzissten übt, begibt sich auf eine Gratwanderung. Die Reaktion kann von mildem Belächeln, weil sie nicht ernst genommen wird, bis zu einem Wutausbruch gehen. Um ihn zu erreichen, geht es deshalb nicht ohne ein gleichzeitiges Lob auszusprechen.
Suchen Sie sich einen Anlass für ein berechtigtes Lob (kein falsches oder übertriebenes), in das Sie eine vorsichtige Kritik verpacken. Das ist die einzige Chance, dass er Ihnen zuhört. Aber keine Garantie. Am besten betten Sie die vorsichtige Kritik wie ein Sandwich in ein Lob davor und danach ein. Behandeln Sie ihn wie ein rohes Ei. Das ist nicht leicht, verspricht aber am ehesten einen Erfolg.

4. Zu viel Information vermeiden

Etwas über eine Person zu wissen, gibt der anderen Macht in die Hand. Diese Erkenntnis haben Narzissten für die eigenen Zwecke und zu ihrem Nutzen perfektioniert.
Jedes noch so kleine Geheimnis weiß ein Narzisst bei Gelegenheit geschickt gegen die Person einzusetzen, die es ihm selbst erzählt hat. Seien Sie achtsam mit Ihren Informationen einem Narzissten gegenüber. Erzählen Sie ihm beispielsweise von einem Fehler, den Sie gemacht haben oder Ärger auf der Arbeit, wird er sich das merken und bei

Gelegenheit geschickt gegen Sie verwenden. Bestenfalls als kleine Stichelei, im schlechten Fall, indem er es anderen weitererzählt.

5. Cool bleiben bei Stimmungsschwankungen

Was Narzissten auszeichnet und sie für ihr unmittelbares Umfeld so anstrengend macht, sind ihre manchmal extremen Stimmungsschwankungen.
Co-Narzissten tendieren dazu, diese auf sich zu beziehen. Manchmal sind sie jedoch nur die Zuschauer eines vom Narzissten inszenierten Dramas. Ganz gleich, ob Sie persönlich angegriffen werden oder nur mitbekommen, wie der Narzisst wegen einem anderen ausrastet, bleiben Sie unbeteiligt und gehen Sie auf Distanz. Halten Sie das durch, wird der Narzisst nach einer Weile begreifen, dass Sie sich nicht mehr in seine Dramen hineinziehen lassen.

6. Nicht alles persönlich nehmen

Es ist vielleicht am Schwersten zu begreifen, selbst nur ein Spielball im Leben des Narzissten zu sein. Wie gern hat man den Liebesbekundungen zu Beginn der Beziehung Glauben geschenkt. Je euphorischer die Verliebtheit war desto größer ist der Absturz. Die Enttäuschung über den Missbrauch geht tief.

Machen Sie sich klar, dass Sie nicht persönlich gemeint sind. Der Narzisst glaubt zu Beginn jeder Beziehung, er könne lieben. Immer wieder, doch es stellt sich heraus, er kann niemanden lieben. Nicht nur Sie, niemanden! Machen Sie sich immer wieder klar, dass das nicht Ihr Fehler ist.

7. Das verletzte innere Kind des Narzissten sehen

Hinter all dem Imponiergehabe und der imposanten Fassade steckt ein verletztes inneres Kind. Diese Erkenntnis im Blick zu behalten, hilft Ihnen weniger Angst vor dem Narzissten zu haben, aber auch seine Attacken weniger persönlich zu nehmen. Sehen Sie das kindliche Verhalten und eine kindliche Unfähigkeit in seinem Verhalten.
Das verbessert zwar den Moment nicht, aber es verringert die Angst vor ihm und zeigt Ihnen, dass er Hilfe braucht. Und es macht es leichter, ihm ab und an etwas Anerkennung

zu geben. Nur ist es auf keinen Fall an Ihnen, den Narzissten zu therapieren!

8. Keine Konkurrenz aufbauen

Es liegt nahe, dass es in den Fingern juckt, es dem Narzissten mal richtig zeigen zu wollen. Ihn einmal so vor anderen vorzuführen, wie er es so gerne gemacht hat.
Sich auf seine Kosten gut zu fühlen, Witze zu machen…
Keine gute Idee! Narzissten haben eine lebenslange Erfahrung in der Selbstvergrößerung ihrer Person. Die Wahrscheinlichkeit in einem Konkurrenzkampf zu siegen ist für Sie gering. Ihrem eigenen Selbstwertgefühl nutzt es mehr, wenn Sie sich treu bleiben. Besinnen Sie sich auf sich selbst.

9. Abstrakt kommunizieren

Dass der Narzisst gern alles, was andere sagen, verdreht, macht die direkte Kommunikation mit ihm sehr schwierig. Experten empfehlen, stattdessen abstrakt mit ihm zu diskutieren. Reden Sie mit ihm über die Probleme von Narzissmus, anstatt ihn direkt als „Narzisst“ zu bezeichnen. Irgendwann wird er Stellung beziehen und entweder sein

Nichtwissen zugeben oder sich in Teilen des Gesagten wiedererkennen. Auf diese Weise hat er keine Handhabe, Sie persönlich anzugreifen.

10. Klarheit schaffen

Gerade weil der Narzisst ein Nehmer ist, mischt er sich gern in Berufliches des co-narzisstischen Partners ein. Wie sinnvoll es ist, ihn von Anfang an aus dem eigenen Berufsleben herauszuhalten, zeigt sich spätestens bei der Trennung. Die eindeutige und klare Kommunikation bezieht sich nicht nur auf Bereiche, in die sich der Narzisst nicht einmischen sollte. Sie bringt auch eine seitens des Narzissten aus Lügen und Andeutungen bestehende Kommunikation immer wieder auf den Punkt zurück. Lassen Sie sich nicht anstecken und in sein Spiel einbinden. Alles was Sie für sich tun können, ist so authentisch wie möglich zu bleiben. Wie sich ein Narzisst in einer bestimmten Situation verhalten wird, kann sein Umfeld vermuten, aber nie sicher vorhersagen. Deshalb gelten Verhaltensregeln nie uneingeschränkt, sondern sind Anhaltspunkte, die das Zusammenleben zwischen Narzissten und Co-Narzissten erleichtern. Tatsache ist jedoch, je mehr ein Betroffener über die Störung und ihre Erscheinungsformen weiß, desto weniger bezieht er die Probleme auf sich selbst und desto einfacher findet er seinen persönlichen Weg, damit umzugehen.

Unterschiedliche Manipulationstechniken erkennen

Nach einigen Verhaltensratschlägen für den Umgang mit Narzissten ist es sinnvoll, sich auch mit seinen Manipulationstechniken zu beschäftigen. Mit welchen Mitteln schafft er es so zielgenau, seine Partner dorthin zu bekommen, wo er sie haben will? Manipulation allein ist kein Anzeichen eines krankhaften Verhaltens. Um etwas zu erreichen, was ihm am Herzen liegt, manipuliert jeder Mensch gelegentlich bewusst oder unbewusst sein Umfeld. Bereits Babys lernen durch ihr Schreien die Eltern zu manipulieren. Eltern manipulieren ihre Kinder, Kollegen andere Kollegen und Liebende sich gegenseitig.
Wer kommt nicht einmal in eine Situation, in der er sich durch geschicktes Vorgehen einen Vorteil anderen gegenüber verschaffen möchte? Ein völlig normales Verhalten also? Auf Augenhöhe und wenn niemand Schaden deswegen nimmt, lautet der soziale Konsens.

Hier liegt der Unterschied zu den Varianten narzisstischer Manipulation. Der Narzisst setzt alles daran, durch Charme, Intelligenz und Auftreten sein Gegenüber für sich zu interessieren und es in sich verliebt zu machen. Ab dem Zeitpunkt, an dem tiefe Gefühle ins Spiel kommen, ist die

Wahrnehmung des Co-Narzissten getrübt. Manchmal fällt ihm erst viel zu spät auf, dass er auf subtile Art dazu gebracht wurde, etwas zu tun, das er gar nicht tun wollte. Und das ist keine Ausnahme, sondern der Alltag.
Oftmals merkt es der Partner nicht einmal bewusst.
Für den Narzissten ist Manipulation ein Kontrollmechanismus, mit dem er nahestehende Menschen nach seinem Wunsch dirigiert und leitet.
Bestimmte Techniken wie Lügen, Verdrehungen, Unterstellungen oder Verwirrungstaktiken gehören zu seinem Repertoire. Schaut man genauer hin, hat jeder Narzisst aber zusätzlich auch seine eigene Masche, um zu manipulieren. Sie zeigt sich beispielsweise darin, dass er in einer bestimmten Situation mit großer Wahrscheinlichkeit gleich handelt und das Gleiche sagt, je nachdem, welche Methode sich für ihn als erfolgreich herausgestellt hat. Außerdem kommt es auch darauf an, worauf der Partner besonders gut anspricht. Der Manipulierte ist häufig, sowohl in seinem Pflichtgefühl, seinem Alltagsgefüge als auch gefühlsmäßig zu involviert, um die Anzeichen rechtzeitig zu erkennen. Wer über einen längeren Zeitraum manipuliert wurde, zweifelt meist an der eigenen Wahrnehmung ebenso wie an seinem Gedächtnis.
Ist das der Fall, hat der Narzisst es geschickt verstanden, ohne seine wahren Absichten zu enthüllen, aus seinem Opfer eine Marionette zu machen. Nicht allein durch Worte, sondern auch durch Anspielungen sowie Geringschätzung in Mimik

und Gestik lässt er nichts unversucht, um seinen Partner zu verunsichern.

Um wieder handlungsfähig zu werden, ist es sinnvoll, die am häufigsten angewendeten Manipulationstechniken erkennen zu lernen. Was sie miteinander eint ist, sie sind alle Ausdruck der emotionalen Gewalt, die der Narzisst an seinem Partner verübt.

Emotionale Gewalt

Hat ein Narzisst sein Opfer emotional an sich gebunden, beginnt er es genau zu studieren und die Schwachstellen auszuloten, damit jede Spitze, die er später abfeuert, haargenau trifft. Psychische Gewalt wird immer noch unterschätzt. Im Gegensatz zu physischer Gewalt sieht man sie nicht oder zumindest nicht sofort. Der Körper ist unversehrt, doch die Seele ist es nicht. Das Ego der Opfer emotionaler Gewalt schrumpft nach und nach immer mehr zusammen bis zur absoluten Hilflosigkeit und Abhängigkeit vom dominanten Narzissten. Da das für Dritte auf den ersten Blick nicht ersichtlich ist, fällt diese Art der Gewalt durch die Raster der Wahrnehmung. Und wird sie sichtbar, dann steht die Frage im Raum, wie es in der Vergangenheit um die psychische Disposition des Betroffenen bestellt war. Schnell wird das Opfer für seine Situation mitverantwortlich gemacht. Doch was innerhalb einer narzisstischen Beziehung passiert, hat nichts mit dem normalen Liebeskummer, mit Streit, Eifersucht, Wut und Frust zu tun, der zu jeder Beziehung in unterschiedlichem Maß dazu gehört. Es geht um einseitige Schikane. Und liegt das Opfer emotional am Boden, dann wird nachgetreten bis es sich innerlich abgestorben fühlt. Für die Leidtragenden wäre es bereits ein Anfang und schon eine große Hilfe, ernst genommen zu werden. Wenn die psychische Gewalt, die sie erlitten haben, als Misshandlung akzeptiert würde. Doch wie kann etwas, dass auf Wolke 7 begonnen hat, im abgrundtiefen Schmerz enden? Im Grunde war die euphorische Verliebtheit zu Anfang ein gegenseitiger Suchtzustand. Der Narzisst hat sich zwar treffsicher den Co-Narzissten gewählt, doch hegt gewiss auch er zu Beginn der Beziehung die Hoffnung, der Rausch der ersten Zeit möge anhalten. Seine Enttäuschung nach dem unsanften Aufprall in der Realität ist echt. Da er die Schuld nicht bei sich sieht – aufgrund seiner narzisstischen Störung nicht bei sich sehen kann! – ist der Partner schuld, der seine Erwartung bitterlich enttäuscht hat.

Gegen die vermeintliche Kränkung seines Egos wehrt er sich mit einem großen Sortiment an psychischen Waffen, von unverhohlener Aggression bis zu passiv-aggressivem Verhalten, Lügen und Beleidigungen, Abwertung und Liebesentzug bis zur völligen Isolation des Partners.

Mind Games – Psychospiele

Die emotionale Grundlage von Mind Games sind Schuldgefühle und Mitleid. Während der Täter den Überblick und sein Ziel stets im Auge behält, appelliert er an die Gefühle seines Opfers. Mit der Zeit wird jeder Narzisst zum Meister dieser Psychospiele. Zum einen, weil er sich viel mit seiner Person beschäftigt und damit, was ihn an sein jeweiliges Ziel bringt, zum anderen durch seine empathische Beobachtungsgabe. Auch wenn er nicht nachempfinden kann, was sein Gegenüber fühlt, so kann er es doch genau studieren und seine wunden Punkte ausloten.
Hat er die Schwachstellen bei seinem Co-Narzissten erkannt, wirft er seinen Köder aus. Er weiß aus Erfahrung, dass die (enttäuschten) Gefühle seinen Partner leiten werden und er das Psychospiel des Narzissten nicht erkennt. Deshalb tappt er in die Falle. Immer wieder. Für den Narzissten ist das die Bestätigung seiner vermeintlichen Überlegenheit.

In Mind Games gibt es ein Opfer und einen Angreifer, der sich aber auf perfide Weise gern auch als den Retter darstellt, wenn es die Situation erfordert. Bei einem verdeckten Narzissten finden die Spiele unter vertauschten Rollen statt. Er gibt sich gern als Opfer, um sich von seinem Co-Narzissten immer wieder nach Lust und Laune retten zu lassen. Das ist keineswegs weniger manipulativ und ausbeutend. Ist der Co-Narzisst in der Retterrolle, geht ihm irgendwann zwangsläufig selbst die Kraft aus, ist er in der Opferrolle lassen ihn die ständigen Angriffe auf seine Person immer kleiner werden. Ein emotionaler Co-Narzisst hat bei keiner dieser Varianten eine Chance. Der Narzisst hat nicht nur Erfahrung, sondern auch Fantasie in seinen Psychospielen. Erreicht er sein Ziel nicht durch Einschüchterung oder dadurch, im wunden Punkt seines Partners zu bohren, dann kann er blitzschnell selbst in die Opferrolle umschwenken und so lange Mitleid einfordern, bis der Co-Narzisst nachgibt. In dem Fall ist der wunde Punkt des Partners, den Narzissten nicht leiden sehen zu können.

Mind Games sind für den Co-Narzissten psychischer Dauerstress. Für ihn ist nie abzusehen, in welcher Gestalt sie auftauchen und auf die Regeln hat er keinen Einfluss. Er ist in seinen ambivalenten Gefühlen so gefangen, dass sein einziges Bestreben ist, es dem Narzissten in der jeweiligen Situation recht zu machen. Ihm ist nicht bewusst, dass die Haupt-Spielregel lautet, dass genau das ein zum Scheitern verurteiltes Unterfangen ist.

Es kann sich dennoch lohnen, sich die für Narzissten besonders charakteristischen Psychospiele und Manipulationstechniken genauer zu betrachten.

Silent Treatment

Dem Silent Treatment, dem Bestrafen durch Anschweigen, ist in aller Regel eine Handlung oder ein bestimmtes Verhalten vorausgegangen. Es kann ein Streit, eine vermeintliche Kränkung oder auch unangemessenes Verhalten des Co-Narzissten gewesen sein, mit dem in den Augen des Narzissten eine Grenze des Respekts ihm gegenüber überschritten wurde. Anhaltendes Schweigen ist eine sehr wirkungsvolle Maßnahme, um zu bestrafen.

Es ist die passiv-aggressivste Weise der Bestrafung, weil sie den Partner komplett auflaufen lässt. Da er nicht erfährt, was er falsch gemacht hat, hat er auch keine Möglichkeit zur Korrektur seines Fehlers. Für einen gefühlsmäßig abhängigen Co-Narzissten ist dieser Zustand eine reine Hölle, die von seinen inneren Zweifeln ausgelöst wird.

Je länger das Schweigen des Narzissten anhält, desto panischer wird der Partner. Er kann an nichts anderes mehr denken als an mögliche Fehler, die er begangen haben könnte und ist irgendwann an dem Punkt, sich für alles, was er in seinem Leben je getan hat, entschuldigen zu wollen. Doch er kann genauso gegen eine Wand anreden. Solange sich der Narzisst in diesem Machtspiel gefällt, wird er es nicht aufgegeben. Erst wenn sein Gegenüber vor ihm sprichwörtlich auf dem Boden liegt, wird er sich vielleicht dazu herablassen,

das Wort wieder an ihn zu richten und ihm großzügig zu vergeben. Worum es eigentlich ging und was der Auslöser für das Silent Treatment war, ist längst kein Thema mehr. Der Narzisst hat ein weiteres Mal eindrucksvoll seine Macht bewiesen. Immer löst eine Form des Widerstands gegen den Narzissten seine drakonische Bestrafung aus.
Es kann von der einfachen Nichtbeachtung sowie nicht erfolgter Bewunderung oder Zustimmung bis zu offenem Widerspruch reichen, womit der Partner dem Narzissten gegenüber „Majestätsbeleidigung" begeht. In allen Fällen ist der Partner ihm zu stark geworden, wofür er einen Dämpfer bekommen muss, bevor er ihm gefährlich werden kann. Denn nicht selten hat der Co-Narzisst dabei eine Schwachstelle des Narzissten aufgedeckt. Indem sich der Narzisst vollkommen zurückzieht, gibt er sich keine Blöße (mehr) und schützt sich selbst. Gleichzeitig stutzt er den Partner auf das Maß zurück, auf dem er ihn haben möchte.

Oftmals ist Silent Treatment das letzte Mittel, nachdem andere Methoden den Partner einzuschüchtern nicht zum gewünschten Erfolg geführt haben. Was das Schweigen so zermürbend macht ist die Zeitspanne. Je nach „Schwere des Falles", bei dem der Narzisst die Strafe aus seiner Sicht anwenden muss, kann er mehrere Tage durchhalten.
Am besten lässt sich das anhand von Beispielen veranschaulichen: Mitten in einer ungeklärten Situation mit seinem Partner verfällt der Narzisst in Schweigen.

Seine Miene versteinert und er dreht sich weg sobald er angesprochen und um eine Erklärung gebeten wird. Manchmal bleibt er als lebendige Anklage in der Nähe des Co-Narzissten, manchmal verlässt er den Raum. Egal, wie sehr der Partner ihn um eine Erklärung bittet, weint, schmeichelt etc., er bleibt hart und ignoriert ihn.
Nach einer Weile sucht der Co-Narzisst die Schuld automatisch bei sich. Je mehr er über die Situation nachdenkt, desto verrückter macht ihn der Zustand.
Wenn das Paar zusammenlebt, hat der Narzisst kein Problem damit, möglichst um Distanz bemüht, neben seinem die ganze Nacht grübelnden und sich Vorwürfe machenden Partner seelenruhig zu schlafen. Leben Sie nicht zusammen, ist es die Gelegenheit für ihn, Eifersucht zu schüren. Er ist telefonisch nicht erreichbar oder lässt sich bewusst an Orten, die er sonst schon gemeinsam mit der Partnerin aufgesucht hat, mit anderen Frauen sehen. Wie gesagt, die Fantasie eines Narzissten ist unbegrenzt, wenn es darum geht, das Selbstwertgefühl seines Partners zu erniedrigen.

Eine weitere „fiktive“ Situation:

In einer Familie ist Sippenhaft eine beliebte Vergeltungsmaßnahme des narzisstischen Vaters.
Bei Stress zwischen den Eltern, erwartet der Narzisst eine eindeutige Stellungnahme der Kinder zu seinen Gunsten.

Erfolgt die nicht, – es reicht schon, dass die Kinder aus Angst zwischen die streitenden Eltern zu geraten, versuchen, neutral zu bleiben – ist das gleichbedeutend mit einer Ablehnung und die Kinder werden ebenfalls mit Schweigen bestraft. Der Vater kann sich tagelang an den gemeinsamen Esstisch setzen, ohne ein Wort mit auch nur einem Familienmitglied zu wechseln und bleibt dabei vollendet in seiner Rolle „stiller Vorwurf". Hat sich dagegen ein anderes Familienmitglied, ein Großelternteil vielleicht, zu ihm bekannt, wird dieser demonstrativ zuvorkommend und mit ausgesuchter Höflichkeit behandelt.
Es gibt zwei Möglichkeiten, wie der Narzisst sein Schweigen beendet. Entweder muss der Partner vor ihm zu Kreuze kriechen, d.h. Besserung geloben, alle Schuld (an was?) auf sich nehmen und sich unterwürfig zeigen oder der Narzisst beendet aus einer Laune heraus sein Schweigen, um allen seine Großzügigkeit und Grandiosität zu demonstrieren.

Silent Treatment kann nicht nur das Ego des Geschädigten, sondern auch sein Kurzzeitgedächtnis sowie seine Entscheidungsfähigkeit negativ beeinflussen. Ignoriert zu werden kränkt das Selbstwertgefühl. Untersuchungen zeigen, dass das sogar bei einander fremden Menschen geschieht. Um wie vieles heftiger der Schmerz für einen Co-Narzissten sein muss, wenn die geliebte Person sich verhält, als würde er nicht existieren, ist schwer vorstellbar für diejenigen, die es nicht selbst erdulden mussten. Vielleicht die extremste Art des Silent Treatment ist das Ghosting.

Ghosting

Als Ghosting wird das Phänomen eines plötzlichen, nicht vorher gesehenen Kontaktabbruchs bezeichnet. In Zeiten der unverbindlichen Internet-Partnersuche ist das jedoch nicht ausschließlich eine narzisstische Verhaltensweise, sondern wird leider immer häufiger zum Beziehungsalltag. Von einem Tag auf den anderen ist ein Teil einer Beziehung nicht mehr erreichbar und zu getroffenen Verabredungen erscheinen die „Geister“ einfach nicht mehr.
Am häufigsten begegnet man diesem Verhalten in der Anfangsphase einer Partnerschaft, wenn die erste Verliebtheit abklingt und sich zeigt, ob tiefere Gefühle am Entstehen sind. Gerade junge Menschen, die eine offene Aussprache scheuen, verabschieden sich dann auf sehr unverbindliche Weise. Erschreckend und mit großer Wahrscheinlichkeit ein Indiz für Narzissmus ist es dann, wenn eine seit Jahren bestehende Beziehung auf diese Art beendet wird. Auf das Selbstwertgefühl des Verlassenen wirkt sich die Form der Trennung absolut verheerend aus. Stellt sich zu Beginn die Sorge ein, dem Partner könne etwas zugestoßen sein, weicht diese Angst schrittweise der Erkenntnis, dem anderen noch

nicht einmal eine persönliche Aussprache wert gewesen zu sein.

Eine größere Verunsicherung kann das Selbstwertgefühl kaum erfahren.

Der sitzengelassene Partner wird nie eine Antwort auf die Frage „warum?“ erhalten und die Schuld bei sich selbst suchen, weil er keine äußere Erlösung findet. Narzissten bewahren sich mit Ghosting vor möglichen Komplikationen. Für sie ist es eine Selbstschutzmaßnahme, bei der sie kein schlechtes Gewissen entwickeln. Was sie beim früheren Partner auslösen, sehen sie nicht – müssen sie sich nicht mehr ansehen! – und um sich in ihn hineinzufühlen, fehlt ihnen das Mitgefühl. Die beiden Triebfedern, die Auslöser für das spurlose Verschwinden aus einem Leben sind, heißen Feigheit und Bindungsangst. Wer die Unverbindlichkeit auf Dating-Plattformen kennengelernt hat, glaubt auch im realen Leben kommen und gehen zu können, wie es ihm passt. Leider entspricht Unverbindlichkeit auch ein wenig dem Zeitgeist und ist nicht nur ein Ausdruck von Narzissmus. Auch Narzissten tummeln sich im Internet auf Chats und Partnerbörsen. Nirgendwo sonst können sie ohne jede Verpflichtung schneller die Zahl ihrer Bewunderer vervielfachen. Vielleicht auch ein weiterer Beleg für die immer narzisstischer werdende Gesellschaft.

Gaslighting

Schon die Bezeichnung verstört und lässt nichts Gutes ahnen. Der Begriff stammt aus einem Film mit Ingrid Bergman, die von ihrem Mann in den Wahnsinn getrieben werden soll, indem er sie an ihrem Verstand zweifeln lässt. In Kurzform beschreibt dies treffsicher das bösartige Spiel des Narzissten mit seinem Co-Narzissten.

Gaslighting wirkt sich als besonders extreme Manipulation auf die menschliche Psyche aus. Das Opfer wird gezielt verunsichert und desorientiert, um Zweifel an dessen Realitätssinn zu säen. Zu glauben langsam verrückt zu werden, ist für jeden Menschen eine Horrorvorstellung.

Zu Recht werden die Täter, die ihren Opfern so etwas antun, „Gaslighter" genannt, denn sie entfachen in der Seele des anderen einen Brand. Wer an seinem Verstand zweifeln muss, dessen Selbstwertgefühl wird zunehmend geringer. Somit öffnet das Opfer dem Täter Tür und Tor für weitere Manipulationen. Um den Co-Narzissten zu verunsichern, muss der Narzisst beständig mit dessen Wahrnehmung spielen. Es beginnt mit kleinen Verdrehungen, die vielleicht noch als Missverständnis gewertet werden können. Kein Mensch ist immer aufmerksam und jeder kann sich einmal irren.

Ein gängiger Handlungsablauf: Der narzisstische Partner erzählt eine gemeinsam erlebte Geschichte, die der Co-Narzisst selbst ganz anders in Erinnerung hat. Auch in Bezug auf sein Leben erzählt er anderen Menschen etwas anderes als er dem Co-Narzissten zu Beginn Ihrer Beziehung erzählt hat.

Lässt den Narzissten etwa sein Gedächtnis im Stich oder ist liegt es am Erinnerungsvermögen seines Partners?

Da der Narzisst aber so selbstsicher auftritt, bekommt der Co-Narzisst ein mulmiges Gefühl. Es muss doch an ihm liegen. Die Verunsicherung steigert sich, wenn zu den verwirrten Erinnerungen noch andere Sachen hinzukommen. Dinge verschwinden z. B. von ihrem angestammten Platz, Verabredungen verschieben sich, ohne dass der Partner davon etwas weiß etc.

Schließlich macht der Narzisst ihm noch Vorhaltungen, wie unzuverlässig er sei. So wird der Partner zunehmend zu Selbstzweifeln getrieben, die mit der Zeit nicht nur seine psychische Gesundheit beeinträchtigen, sondern ihn auch körperlich krank machen. Kommt Ihnen das bekannt vor? Dann wissen Sie auch, dass Sie aus dieser Situation nicht ohne fremde Hilfe herauskommen. Sie brauchen dringend neutrale Personen, die Ihnen Ihre Wahrnehmung bestätigen. So ist übrigens auch Ingrid Bergman in dem Film aus ihrer Geschichte wieder herausgekommen.

Ein Dritter wurde misstrauisch und hat ihren Manipulator der Lügen überführt.

Lügen und verdrehte Wahrheiten

Narzissten lügen, genau wie jeder andere Mensch auch, täglich. Inwieweit unterscheiden sich also die Lügen eines Narzissten von den Lügen normaler Menschen?
Der Unterschied liegt in der Motivation zur Lüge. Denn Menschen, die andere von sich einnehmen und beeindrucken möchten, lügen wesentlich häufiger als bescheidene Menschen. Untersuchungen der Universität von Massachusetts haben ergeben, dass sowohl das soziale Umfeld als auch die aktuellen Umstände ausschlaggebend dafür sind, wie viele Lügen in einer Alltagssituation erzählt werden. Leistungsdruck, Rechtfertigungsdrang, eigene Wertvorstellungen und auch das Bild, das jemand von sich nach außen vermitteln möchte, tragen entscheidend dazu bei, wie ehrlich ein Mensch ist. Auch die Fähigkeit Scham und Schuldgefühle zu empfinden, spielt eine wesentliche Rolle. Der Unterschied in Art und Häufigkeit der narzisstischen Lügen im Verhältnis zu den Lügen nicht narzisstischer Menschen liegt in dem übertrieben starken Geltungsbedürfnis und dem Mangel an Gewissenskonflikten, die im narzisstischen Charakter begründet sind. Dem Narzissten fehlt das moralische Bewertungssystem, das gut und böse trennt. Für ihn ist das gut, was seinen Zielen nutzt. Inwieweit er immer bewusst lügt oder selbst an das glaubt, was er erzählt, ist meist nicht ersichtlich. Lügen ist einfach

ein wesentliches Merkmal seines narzisstischen Verhaltens. Fest steht, der Narzisst genießt beim Lügen sowohl seine Kreativität und Fantasie als auch die Tatsache, dass ihm niemand dabei auf die Schliche kommt. Durch starke Selbstsicherheit und die erreichte Meisterschaft im Lügen hindert er sein Umfeld daran, nachzufragen, wenn ihnen etwas im Erzählten ungereimt erscheint. Mit seinen Lügen festigt er seine Machtposition. Wenn auch sein direktes Umfeld und der Co-Narzisst lange aufgegeben haben, die Richtigkeit seiner Aussagen anzuzweifeln, wird es kritisch, sobald ein Dritter eine Tatsache durch Fakten korrigiert. Sofort wird der Narzisst aktiv dagegen angehen. Er wird neue Beweise für seine Theorie aus dem Ärmel zaubern, die der Kritiker noch gar nicht kennen kann, den Kritiker selbst als wenig glaubwürdig und seine Quellen als fragwürdig hinstellen.

Selbst der Inhalt des narzisstischen Lügengebäudes ist oftmals identisch und wiederkehrend. Fast immer geht es um die eigene Grandiosität und Einzigartigkeit in allen Bereichen. Das äußert sich in seinen Berichten über seine Erlebnisse und Leistungen, aber auch seinen Kontakte zu bedeutenden Menschen (die ihn selbstverständlich bevorzugt behandeln, da sie seine wahre Größe erkannt haben). In den Lügen geht es ebenso um seinen Reichtum wie um seine Leidensfähigkeit und vor allem, um sein gesellschaftliches Renommee, das sich in einer auffälligen

Titelsucht darstellt. Das Repertoire seiner Lügen und falschen Fakten umfasst folglich alles, was in seinen Augen seinem Ansehen dient. Um die Wahrscheinlichkeit, dabei ertappt zu werden und aufzufliegen zu verringern, greift er auf eine bewährte Strategie zurück. In Bezug auf seine Quellen ist er ausgesprochen vage, um die Möglichkeit einer Gegendarstellung zu vermeiden. Widersprüche in seinen Aussagen macht er dafür mit einer gewissen Theatralik im Vortrag wett. Auf Kritik reagiert nicht selten mit einem Gegenangriff. Wird er einer Lüge überführt, erfindet er eine weitere Lüge als Gegenbeweis. Er ist darin so routiniert, dass es schwer ist, ihn der Lüge zu überführen. Seine Lügen machen auch vor anderen Menschen nicht halt. Der Narzisst kennt keine Skrupel, in Beruf und Privatleben, Kollegen und soziales Umfeld durch gezielte Lügen zu diffamieren. Oftmals dauert es lange, das Spiel des Narzissten zu durchschauen. Jeder Mensch, der von diesen Lügen jemals betroffen war, weiß ein Lied von der Hilflosigkeit zu singen, gegen das Lügennetz eines Narzissten erfolgreich vorgehen zu können. In der narzisstischen Perfektion sind Lügen schwer zu durchschauen. Je komplexer das Netz, desto weniger lassen sie sich allein bewerkstelligen. Um seine Macht auszuweiten, benötigt ein erfolgreicher Narzisst deshalb ein Netzwerk von Flying Monkeys.

Flying Monkeys

Was wäre ein Showstar ohne Fans, ein Sektenführer ohne Anhänger und ein Narzisst ohne Flying Monkeys? Doch es greift zu kurz, diese Gruppe einfach als Bewunderer des Narzissten abzutun. Es sind vielmehr Menschen, die der Narzisst von seiner Grandiosität überzeugen konnte. Sie sind im Grunde seine Helfershelfer, die er für sich benutzt, um sein Ziel zu erreichen und die nun, ohne hinter seine Fassade zu blicken, sich von ihm für seine Zwecke einspannen lassen. Aus gutem Grund haben Narzissten selten echte Freunde, verfügen aber dafür über eine Vielzahl oberflächlicher Bekanntschaften. Wer draußen steht, sieht die sympathische Maske, während der Angehörige unter dem wahren Ich leidet. Was hinter verschlossenen Türen im Kreis der Familie oder innerhalb der Beziehung vorgeht, soll ja auch keiner mitbekommen. Dennoch befinden sich unter den Flying Monkeys durchaus auch Menschen, die es besser wissen müssten, wie z. B. eine gute Freundin des Opfers oder sogar ein Familienmitglied. Sie handeln nicht in böser Absicht, sondern sind meistens ernsthaft überzeugt, das Beste für den Co-Narzissten zu wollen, wenn sie mit dem Narzissten kooperieren. Sie sind auch nicht dumm, sondern nur der perfekten Fassade des Narzissten aufgesessen. Ihr Fehler ist lediglich, dem Narzissten seine integren Motive abzunehmen, aus denen er zu handeln vorgibt. Denn nicht selten betrachten sie einen Sachverhalt nur einseitig, weil ihnen nicht alle Informationen vorliegen. Begreift ein Fliegender Affe die gesamte Sachlage, distanziert er sich häufig vom manipulierenden Narzissten. Worauf der ihn selbstverständlich aus seinem Umfeld verstößt und auch gegen ihn angeht, weil er nicht zulassen kann, von einem Menschen in Frage gestellt zu werden. Ein Beispiel, das zeigt, wie schnell man im Umfeld eines Narzissten vom Helfer zu dessen Opfer werden kann. Leider gibt es auch die Art von Flying Monkeys, die das Spiel des Narzissten durchblicken und sich dennoch auf dessen Seite stellen. Dem Narzissten sind das die liebsten und für seine Opfer die gefährlichsten Mitstreiter, da sie ihn aus bösartiger Überzeugung unterstützen und oft selber verstärkt narzisstische Züge in Ihrem Charakter aufweisen.

Sich Flying Monkeys zu bedienen ist die hinterlistigste Art, die Psyche eines Opfers zu destabilisieren.
Den Co-Narzissten verunsichert es zutiefst, wenn er erkennen muss, dass ein Mensch aus seinem engsten Umfeld vom Narzissten vorgeschickt wurde. Er fühlt sich doppelt verraten und weiß nicht mehr, wem er vertrauen kann. Fasst man selbst den Mut, den Narzissten darauf anzusprechen, weiß er natürlich nicht, wovon die Rede ist, denn er ist ein Meister darin, sich auf keine Diskussion einzulassen.

Debatten und Auseinandersetzungen verhindern

Ein Narzisst ist ein Meister darin, sich auf keine Aussagen festlegen zu lassen. Das erreicht er mit einer Vielzahl an Tricks, die er sich angeeignet hat und die er routiniert in den jeweiligen Situationen abspult. So ist Logik in einem Gespräch gar nicht sein Ding, denn ein logischer Gedankengang ließe sich von seinem Gesprächspartner nachvollziehen. Der könnte nachhaken und den Narzissten auf bestimmte Aussagen festnageln wollen. Er dreht den Spieß lieber um und liebt es, stattdessen den anderen aus der Fassung zu bringen. Nur um sich dann laut zu wundern, warum man mit ihm nicht einfach ruhig diskutieren könne. Hat er sich zuvor noch theatralisch aufgeregt, hat er jetzt nur noch einen mitleidigen Blick für den Partner übrig, der sich leider nie im Griff habe. Er spiegelt sein Verhalten auf den Co-Narzissten und stellt ihn als verrückt und sich selbst als normal dar. Das ist nicht nur Gaslighting in seiner schlimmsten Form, sondern lenkt auch vom eigentlichen Thema ab, über das er nicht reden will. Wenn der Partner in diesem Moment das Falsche sagt, bietet sich ihm die Gelegenheit, schweigend zu verschwinden. Lässt sich ein Gespräch nicht vermeiden, lässt er sich scheinbar darauf ein. Bevor der Partner sein Anliegen zu Wort bringen kann, redet der Narzisst schnell über mehrere andere Dinge.

Sein Trick ist, ständig ein neues Thema anzuschneiden, ohne

auf das zuvor Gesagte einzugehen. Sein Co-Narzisst verliert zwangsläufig den Überblick und hat keine Gelegenheit mehr, über das zu reden, was ihm ursprünglich unter den Nägeln brannte. Das kostet ihn sowohl Kraft als auch Geduld. Wenn der Narzisst bei seinem Gegenüber auch nur eine kleine Schwäche wahrnimmt, verleitet er ihn zu unbedachten Äußerungen, die er sofort aufgreift und gegen den Co-Narzissten anwendet. Der beginnt jetzt vielleicht sogar an seinem Verstand zu zweifeln, weil er nicht mehr weiß, worüber geredet wird. Der Narzisst hat gesiegt, denn das unliebsame Thema ist vom Tisch. Jetzt kann er sich entweder als großzügig darstellen und den verwirrten Partner bedauern, der einen so schweren Tag hatte und dringend Ruhe brauche oder er nimmt die Gelegenheit war, um beleidigt zu reagieren, weil der Co-Narzisst ihm nie richtig zuhöre. Da der nicht mehr weiß, worum es ursprünglich ging, entschuldigt er sich am Ende sogar dafür beim Narzissten.

Sämtliche aufgezeigte Manipulationstechniken und Psychospiele nutzt der Narzisst, um seine Macht zu demonstrieren und eine echte Kommunikation mit seinem Partner oder seiner Familie zu verhindern.

Wenn Sie sich und Ihre Situation in den Beispielen wiedererkennen, dann ist es an der Zeit darüber nachzudenken, wie Sie Abstand zu Ihrem narzisstischen Partner gewinnen können. Das Erkennen der eigenen Situation ist der erste wichtige Schritt, sich dabei Hilfe zu holen ein weiterer.

Der Befreiungsschlag - Die Trennung vom Narzissten

Den Entschluss fassen - Should I stay or should I go?

Wohl kaum jemand entscheidet sich aus freien Stücken, eine Beziehung mit einem Narzissten einzugehen.
Es beginnt wie bei jeder anderen Beziehung mit dem berühmten Funken, der überspringt und es folgt eine Hochphase der Verliebtheit. Nur ist diesmal alles ein wenig besser, schöner und intensiver als mit früheren Freunden, so dass beim künftigen Co-Narzissten die Hoffnung aufkeimt, endlich den oder die Eine fürs Leben getroffen zu haben.

Offenbaren Traumprinz oder Traumprinzessin nach einiger Zeit ihr wahres Gesicht, das des machtsüchtigen Narzissten, ist der Partner emotional bereits viel zu tief in die Beziehung verstrickt, um die Notbremse ziehen zu können. Zuerst möchte er die negativen Veränderungen nicht wahrnehmen. Dann keimt die Hoffnung auf, es handle sich vermutlich nur um eine schlechte Phase. Erst wenn sich nichts mehr in der Beziehung schön reden lässt, wird der Partner hellhörig, doch nun kommt er nicht mehr so einfach aus der Beziehung heraus.

Nicht nur die Unberechenbarkeit des narzisstischen Partners mit seinem Wutausbrüchen und gemeinen Manipulationen hindern den Co-Narzissten daran, einfach seine Sachen zu packen und zu gehen, es sind seine widerstreitenden Gefühle, die ihn in der Beziehung festhalten. Da ist die Hoffnung, die nun einmal an das Gelingen und nicht an das Scheitern glauben will. Und auf der anderen Seite sind die Zweifel, ob diese Hoffnung berechtigt ist. Hat der narzisstische Partner nicht oft genug beteuert, dass er sich ändern möchte? Hat er nicht noch eine weitere Chance verdient? Es sagt, es gehe ihm nicht gut, da kann man ihn doch nicht einfach im Stich lassen.
So ungefähr wütet der Zwiespalt in jedem Beziehungspartner, der zwar lange nicht mehr glücklich mit dem Lebensgefährten ist, aber noch nicht loslassen kann, weil zu tiefe Gefühle im Spiel sind. Wenn das in einer „normalen“ Beziehung schon schwer ist, dann ist es noch um ein Vielfaches komplizierter in einer narzisstischen Paarbeziehung. Denn der Narzisst arbeitet mit allen manipulativen Tricks, um das schlechte

Gewissen und die Schuldgefühle ihm gegenüber wach zu halten. Dazu versteht er es meisterhaft, sich in bestimmten Momenten von seinen positivsten Seiten zu zeigen, um den Co-Narzissten daran zu erinnern, wie großartig ein Leben an seiner Seite sein könnte, wenn der Partner nur mit ihm an einem Strang zöge.

In so einer erneuten Hochphase setzen Narzissmusopfer manchmal ihre Hoffnung in eine Paartherapie. Die Liebe lodert gerade wieder einmal auf und der zuvor gefasste Entschluss loszulassen, rückt in weite Ferne. Die Krise scheint – ein weiteres Mal – beendet und der Co-Narzisst schöpft Vertrauen. Er hat mit Engelszungen auf den Narzissten eingeredet, mitzumachen und schließlich gibt der Narzisst großzügig nach. Denn in seinen Augen ist der Co-Narzisst therapiebedürftig und nicht er selbst. Das macht er auch geschickt dem Therapeuten klar. Zum Unglück des Partners ist nicht jeder Paartherapeut ein Narzissmus-Spezialist. Mit anderen Worten, er erkennt das Spiel nicht, in das ihn der Narzisst gerade hineingezogen hat und schenkt diesem seinen Glauben. Der Narzisst macht sich geschickt vor den Therapeuten zum Opfer und schiebt dem Co-Narzissten die alleinige Schuld am Scheitern der Beziehung zu.
Und selbst wenn der Therapeut das narzisstische Spiel durchschaut, ist für den Partner nichts gewonnen. Wird er mit den eigenen Problemen konfrontiert, macht der narzisstische Partner dicht und gibt sich gekränkt. In beiden

Fällen badet der nicht narzisstische Beziehungsteil den zum Scheitern verurteilten Versuch einer gemeinsamen Therapie aus. Das Desaster ist meist größer als zuvor!

Sie haben begriffen, wie er Sie manipuliert, Sie kennen seine Methoden bei Ihnen Schuldgefühle zu wecken, er belügt Sie, Sie leiden unter seinem Psychoterror, Sie wissen, dass er derjenige ist, der professionelle Hilfe bräuchte... Warum haben Sie immer noch die Hoffnung, Sie könnten ihn ändern? Denken Sie an sich! Nur an sich.

Nehmen Sie Abstand von ihm und hören Sie in sich hinein. Sie sind wichtig! Es geht um Ihr Leben und nur Sie können dafür sorgen, dass es wieder besser wird. So schmerzhaft dieser Gedanke sein mag, für Ihren narzisstischen Lebensgefährten sind Sie ersetzbar. Er liebt nicht so wie Sie. Egal was er Ihnen beteuert, weil er spürt, dass Sie auf dem Absprung sind. Falls Sie wütend sind, nutzen Sie diese Wut aus, bevor sie verraucht ist und Sie klein beigeben. Machen Sie sich bewusst, dass es nur ein weiterer aufreibender, demütigender, frustrierender Versuch von Ihnen wäre, eine Beziehung wiederzubeleben, die diesen Namen nicht verdient. Reden Sie mit Ihren Freunden und Ihrer Familie. Sie müssen diese schwere Entscheidung nicht allein durchstehen.

Der Angst und möglichen Konsequenzen begegnen

Die perfekte Beziehung ist eine Illusion. Dennoch schaffen es viele Paare, eine partnerschaftliche Ebene zu erreichen, auf der sie fair ihre Konflikte austragen. Kommt es zur Trennung ist das zunächst hart, aber in vielen Fällen gelingt es dennoch mit Respekt und ohne nachzutreten. In einer Beziehung mit einem Narzissten kann man sich von dieser Vorstellung verabschieden. Er wird es sich nicht gefallen lassen, verlassen zu werden und er wird nachtreten.

Nicht nur einmal. Ein toxisches Liebesverhältnis geht immer zu Lasten des Co-Narzissten. Bei einer Trennung wird sich das ebenso verhalten. Vor dieser Tatsache darf man nicht die Augen verschließen. Auch wenn der Narzisst den Lebensgefährten vielleicht durch sein Verhalten provoziert hat, ist er nicht der Mensch, der es klaglos hinnimmt, verlassen zu werden. Eine Trennung von ihm wird in jedem Fall traumatisch werden. Dabei spielt es keine Rolle, ob er von einem Tag auf den anderen, ohne Vorwarnung, die Koffer packt und den früheren Partner ratlos und verzweifelt sitzen lässt oder durch sein Verhalten das Leben des anderen so lange zur Hölle macht bis der keine Kraft mehr hat. Er wird es seinem Ex-Partner schwer machen, so schwer wie er kann! Damit sollte jeder Co-Narzisst rechnen, der mit dem Gedanken spielt, sich zu trennen.

Angst vor möglichen Konsequenzen zu haben ist berechtigt, aber kein Grund sich weiter in ein narzisstisches Martyrium zu fügen. Möglichen Konsequenzen muss man ins Auge blicken und die Trennung lange und gut vorbereiten. Selbstverständlich darf man den Narzissten auf keinen Fall in seine Pläne einweihen, denn er würde sie mit Sicherheit durchkreuzen. Nicht, weil ihm so viel an der Beziehung liegt, sondern weil er es nicht zulassen kann, dass der Partner eigenmächtig eine so wichtige Entscheidung trifft. Verlassen zu werden, ist eine Kränkung seines Egos und Kritik an seiner Perfektion.
Solche weitreichenden Entscheidungen stehen nur ihm selbst zu.

Wenn Sie an einem Punkt angelangt sind, an denen Ihnen eine Trennung vom Narzissten unausweichlich erscheint, dann verlassen Sie ihn nicht Hals über Kopf, besonders nicht, wenn Sie zusammenleben und er zu viele Kontrollmöglichkeiten über Ihr Leben hat. Er ist der Profi im Spiel mit Menschen. Also flüchten Sie nicht nur mit dem Nötigsten in der Tasche panisch aus dem Haus. Er hätte Sie in kürzester Zeit soweit, reumütig wieder auf seiner Schwelle zu stehen. Überlegen Sie sich in Ruhe alle möglichen Konsequenzen, hören Sie auf Ihre Ängste und überlegen Sie sich, was seine schlimmste Reaktion sein könnte. Sie wird kommen! Doch die Angst vor der Ungewissheit ist Ihr größter Feind. Deshalb bereiten Sie sich auf das vor, was von seiner Seite kommen kann und sagen Sie sich, dass Sie es durchstehen. Reden Sie mit Angehörigen und Freunden, versichern Sie sich, dass Sie nicht allein sind. Wenn Sie sich Ihres Entschlusses sicher sind und glauben, seine Schikanen durchstehen zu können, dann müssen Sie nur noch eines sein: konsequent.

Der Zweifel an der eigenen Stärke

Wer einen so wichtigen Schritt wie eine Trennung vorbereitet, muss an seinen Erfolg glauben. Er muss daran glauben, die Kraft aufzubringen, um den Kampf durchzustehen. Der Co-Narzisst ist in einer emotionalen Zwickmühle gefangen. Ihm ist klar geworden, dass er aus der Beziehung fliehen muss, da sie ihn destabilisiert und krank macht, aber er ist schon so geschwächt, dass er zweifelt und nicht weiß, wie er die Kraft aufbringen soll, um seinen Entschluss in die Tat umzusetzen. Fast schon lebensnotwendig für den Partner ist es an diesem Punkt, die letzten Kräfte zu mobilisieren. Um sich nicht im Kreis zu drehen, ist es ratsam nach Ablenkung zu suchen. Das löst nicht das Problem, aber macht Freude und bringt dadurch auch ein wenig Energie. Es macht die Gedanken frei, sich einmal auf etwas anderes einzulassen. Am besten gemeinsam mit Freunden, die möglichst wenig mit dem Narzissten zu tun haben sollten. Mit etwas Abstand zu dem Erlebten, blickt man klarer darauf.

Gestatten Sie sich Ihre Zweifel. Für einen Moment stellen Sie sich einfach vor, Sie wären ein Leistungssportler vor einem Wettbewerb oder ein Schauspieler vor einer Premiere oder denken Sie an sonst eine Situation, in der ein Mensch an seiner eigenen Stärke zweifeln könnte.

Ihre Beziehung hat Sie ausgelaugt und zermürbt, doch der Narzisst hat Ihnen auch permanent eingeredet, schwach zu sein und nichts richtig zu können. Erinnern Sie sich an Situationen in Ihrem Leben, in denen Ihnen etwas gelungen ist. Waren Sie sich davor Ihres Erfolges sicher? Nicht immer, aber manchmal! Fragen Sie sich, wo Ihre Zweifel herkommen und werden Sie ruhig wütend auf den Verursacher. Wut macht stark. Machen Sie sich klar, dass sie den Narzissten nicht ändern werden und deshalb Ihre Entscheidung nicht rückgängig machen können.

Es geht um nichts weniger als Ihr künftiges Leben, das besser werden soll. Haben Sie eigene Zukunftsträume? Schreiben Sie sie auf und bedenken Sie, dass Sie die nur ohne den Narzissten verwirklichen können, denn in seinem Denken haben Ihre Träume keinen Platz. Besinnen Sie sich auf Ihre Stärken und Sie werden es schaffen, die Trennung durchzuziehen.

Der Kampf mit den widerstreitenden Gefühlen

Widerstreitende Gefühle sind Teil jedes Trennungsprozesses. Sie betreffen nicht nur die Hoffnung, dass der Partner sich doch noch ändern könne.

Den schlimmsten Kampf führen die Gefühle im Inneren des liebenden Partners, dessen Verstand ihn zum Gehen drängt, der es aber emotional gar nicht möchte. Aus Angst die Trennung wirklich zu vollziehen, tendieren viele Menschen dazu, sich die gescheiterte Beziehung schön zu denken. Es war doch nicht alles schlimm. Wir hatten eine tolle Anfangszeit. So einen charismatischen Partner finde ich nie wieder usw. Gleichzeitig neigen sie dazu, Wutausbrüche, Beleidigungen und üble Manipulationen zu verdrängen. Die Phase der eigenen Wut über die Rücksichtslosigkeit und den Egoismus ist vorüber.

Der Beschluss, den Narzissten zu verlassen steht fest und plötzlich melden sich Bedenken. Ist eine unperfekte Beziehung nicht besser als ganz allein zu sein? Angst vor Einsamkeit ist ein ernstzunehmendes Motiv. Aber genau das hält viele schlechte Partnerschaften am Leben, die nur weitergeführt werden, weil beide Beteiligten nicht allein sein können, obwohl sie zusammen unglücklich sind. Besonders in der Beziehung mit dem Narzissten stellt sich die Frage, ob nicht gerade das permanente Gefühl der inneren

Einsamkeit, das Empfinden, etwas Wesentliches in der Beziehung zu vermissen, gemeinsam mit dem Missbrauch zu dem Trennungswunsch geführt hat?
Widerstreitende Gefühle entstehen auch durch eine existentielle Verunsicherung, wie finanzielle Abhängigkeiten. Die Trennungssituation wird dadurch komplizierter, aber nicht unmöglich, wenn man sich die richtige Hilfe sucht. Die schlechte Nachricht für Sie ist, widerstreitende Gefühle werden Sie durch den gesamten Trennungsprozess und auch danach noch begleiten. Die gute Nachricht ist, das ist leider normal. Sie haben eine gemeinsame Geschichte mit dem Narzissten, die sich nicht einfach ausradieren lässt. Im Gegensatz zu seinen, waren Ihre Gefühle echt!

Wenn es Menschen gibt, zu denen Ihnen der Narzisst eine Kontaktsperre verordnet hatte, dann melden Sie sich genau jetzt bei denen. Reden Sie mit allen nahestehenden Menschen, die Ihnen verblieben sind, über das Bild, dass diese von außen auf Ihr Verhältnis mit dem narzisstischen Partner haben. Ihre Rückmeldungen bekräftigen Sie in Ihrem Entschluss und verhindern quälende Fragen, die Sie sich stellen. Ohne soziale Kontakte werden Sie das, was auf Sie durch die Trennung zukommt, schwer bewältigen können.

Wenn Sie glauben, dass Ihr Umfeld Ihnen nicht die benötigte Unterstützung geben kann, suchen Sie sich schon während

des Trennungsprozesses professionelle Hilfe. Je nach Ihrer persönlichen Situation kann das ein Arzt, ein Anwalt oder auch ein Therapeut sein. Auch Beratungsstellen helfen weiter.
Schalten Sie Ihr Gehirn nicht aus, nachdem Sie jetzt so viel über Narzissmus wissen. Erinnern Sie sich daran, wenn Sie schwach werden, dass der Narzisst Sie nur um Ihrer (Gegen-) Liebe willen geliebt hat und nicht um Ihretwegen. Erinnern Sie sich an seine verbalen Attacken gegen Sie und seine Freude, Sie wegen Kleinigkeiten niederzumachen. Erinnern Sie sich an das Schlimmste, was er Ihnen angetan hat. Daran wird sich nie etwas ändern, denn er wird sich nicht ändern. Er war weder Ihr Seelenverwandter noch tragen Sie Schuld an seinem Verhalten Ihnen gegenüber. Und vor allem verabschieden Sie sich von dem Wunsch, eine gemeinsame Zukunft mit dem Narzissten aufbauen zu wollen. Es wird nicht alles wieder gut!

Trauma Bonding

Bonding ist das seelische Verschmelzen mit einem anderen Menschen, Trauma Bonding bezeichnet diese spezielle Verbindung, wenn sie nach oder aufgrund einer seelischen Verletzung entsteht, einem Trauma. Trauma Bonding weist Ähnlichkeiten mit dem Stockholm Syndrom auf und lässt sich an diesem Beispiel am anschaulichsten aufzeigen:

Der Vorfall, nach dem es benannt wurde, ereignete sich in einer Stockholmer Bank. Vier Angestellte wurden über fünf Tage von Bankräubern als Geisel genommen. In dieser stressigen Zeit solidarisierten sich die Geiseln zunehmend mit ihren Entführern und entwickelten eine größere Angst vor der Polizei als vor ihnen. Nach Beendigung der Geiselnahme traten sie aktiv für die Bankräuber ein und baten vor Gericht um Gnade, nachdem sie Geld für ihre Verteidigung gespendet hatten. Eine Geisel soll sogar eine Beziehung mit ihrem Entführer eingegangen sein.
Aus anfänglicher Solidarität war für sie eine totale Identifizierung mit der Person geworden.

Trotz psychischen Missbrauchs sind Menschen nach einem solchen Erlebnis nicht in der Lage, sich von ihrem Peiniger abzugrenzen. Sie verschmelzen im Gegenteil regelrecht mit dem Unterdrücker und finden Ausreden für sein Verhalten, wie z. B. „Ich habe ihn zu sehr gestresst. Ihn trifft keine Schuld.“. Bei Co-Narzissten, die über einen langen Zeitraum in einer missbräuchlichen Beziehung mit dem Narzissten steckten, findet sich diese Verhalten besonders oft. Sie behaupten alle anderen hätten ein falsches, zu negatives Bild von dem Narzissten und nur sie würden ihn wirklich kennen und wissen, dass er es in seinem Inneren nur gut meint.
Wie das Beispiel eindringlich zeigt, ist die wichtigste Voraussetzung für die psychische Abhängigkeit völlige

Isolation von der Außenwelt. Dieses machtvolle Instrument benutzen Narzissten häufig in ihren Partnerschaften, indem sie dem Co-Narzissten entweder den Umgang mit Familie und Freunden untersagen oder diese solange vor ihm schlecht machen, bis der Partner aus „freien Stücken“ keine Lust mehr hat, mit ihnen Kontakt zu halten.

Den Opfern ist zu diesem Zeitpunkt nicht bewusst, was der Narzisst damit bezweckt. Sie übernehmen seine verdrehte Wahrnehmung und nehmen entweder alle Schuld auf sich oder geben anderen die Schuld, aber nie dem Narzissten!

Dieser isoliert sein Opfer nicht nur, sondern spielt perfide Spiele wie „Zuckerbrot und Peitsche“, um den Co-Narzissten in die völlige emotionale Abhängigkeit zu treiben. Wird er für ein vermeintliches Vergehen bestraft, gelobt er Besserung, anstatt sich zu wehren. Für die totale Anpassung wird er dann mit Liebe, Sex oder einem kleinen Geschenk belohnt. Das Opfer glaubt aus tiefstem Herzen daran, eines Tages den Narzissten noch retten zu können und gibt sich immer wieder die Schuld, dass ihm das noch nicht gelungen ist. Perverserweise sieht es deshalb die Quälereien durch den psychopathischen Narzissten als berechtigt an, als Strafe für die eigene Schuld. In gewisser Hinsicht ist der Co-Narzisst suchtkrank. Er ist süchtig nach seinem Peiniger.

Als Beispiel eine weitere Kindheitserinnerung von Anonym:

„Als ich ein Junge war, hat meine Schwester meine Eltern bei der Polizei wegen Missbrauch angezeigt. Die Polizei hat mich dazu vernommen. Und obwohl ich von diesem Missbrauch wusste und selbst multipel missbraucht und misshandelt worden war, habe ich meine Eltern in Schutz genommen und meine kleine Schwester nicht unterstützt. Es ist eine seltsame Bindung zu den Tätern, die mich blockiert, das Richtige zu tun. Ich weiß, der einzige Weg, der die Fesseln meiner Seele lösen kann, ist es, meiner Ex jede Möglichkeit zu nehmen, mich zu kontaktieren. Eine neue Telefonnummer habe ich schon. Aber ich habe die alte SIM-Karte, die noch auf meinem zweiten Handy läuft, noch nicht zerstört. Und nur das wäre der einzige Weg. Es wäre gleichbedeutend damit, einen Menschen aus meinem Leben endgültig zu löschen, ihn in meiner Seele sterben zu lassen. Ich denke über mich nach: Was bindet mich an derartige Menschen? Wieso diese Blockade in mir?“

Falls Sie sich in dieser Beschreibung wiedererkennen, ist es an der Zeit, therapeutische Hilfe in Anspruch zu nehmen. Wie ein Suchtkranker Begleitung bei seinem Entzug benötigt, brauchen Sie kompetente Unterstützung, um den Absprung aus Ihrer ungesunden Beziehung zu finden und die dringend notwendige Trennung zu vollziehen.
Ihre Wahrnehmung wurde so lange Zeit von dem Narzissten

manipuliert, dass sich Ihr Realitätssinn getrübt hat. Sie müssen nicht leiden, es trifft Sie keine Schuld. Lassen Sie sich helfen, um von ihm fortgehen zu können!

Erpressbar sein – wenn gemeinsame Kinder im Spiel sind

Wenn für einen allein stehenden Partner eine Trennung von einem Narzissten schon unendlich schwierig ist, um wie viel komplizierter wird sie, wenn gemeinsame Kinder im Spiel sind? Während der nicht narzisstische Elternteil alles dafür tun würde, damit die Kinder in der Beziehung keinen Schaden nehmen, sind sie für den Narzissten Mittel zum Zweck. Das klingt hart. Ist es auch. Denn leider beweist sich immer wieder, dass in einem eskalierenden Streit Kinder für den Narzissten zum Druckmittel werden, um den Nochpartner zu erpressen. Das ist ein Grund dafür, warum viele leidende Elternteile den Absprung aus einer toxischen Beziehung nicht oder erst zu spät schaffen.

Die Sorge um das Wohl der gemeinsamen Kinder macht sie angreifbar. Gleichgültig, ob die Trennung vom Narzissten ausgeht oder vom Partner, es liegt ihm nichts an vernünftigen Arrangements zum Wohle der gemeinsamen Sprösslinge. Die Trennung kratzt an seinem Ego und das kann er nur wieder aufwerten, wenn er die Macht über die Kinder behält und somit auch ein Stück weit über den Ex-Partner.

Sowohl während des Zusammenlebens als auch während der Trennungsphase und nach der Trennung wird der Narzisst gemeinsame Kinder immer gegen den Co-Narzissten einsetzen. Bei Auseinandersetzungen versucht er nicht selten, sie auf seine Seite zu ziehen und gegen den anderen Elternteil aufzubringen. Der Alltag der Kinder besteht aus dem Auf und Ab emotionalen Missbrauchs, den sie aus ihrer kindlichen Sicht erleben.

Auf Stimmungsschwankungen folgen Wutausbrüche und darauf plötzlich heile Welt-Zeiten mit maßloser Verwöhnung. Ihre Gefühle pendeln zwischen Angst vor und völliger Identifikation mit dem narzisstischen Elternteil. Diese Orientierungslosigkeit macht sie psychisch instabil und leicht beeinflussbar. Vor allem anderen hält die Angst, die Kinder zu verlieren, den Co-narzisstischen Elternteil in vielen Fällen von einer rechtzeitigen Trennung ab. Erst wenn augenscheinlich ist, welchen Schaden die familiäre Dysfunktion bei den Kindern angerichtet hat, schaffen die sorgenden Elternteile den Absprung.

Die Belastungen, die die Kinder nicht mehr verkraften können, äußern sich indirekt in mangelndem Sozialverhalten, plötzlichem Schulversagen, aber auch psychosomatischen Erkrankungen. Treten diese Störungen erst nach der Trennung auf, wird der Narzisst die Schuld allein dem „unfähigen“ Ex-Partner zuschieben und nicht selten das Sorgerecht beantragen. Dies geschieht nicht, weil er plötzlich sein Interesse an der Kindererziehung erkannt hat, sondern allein, um sich an dem ehemaligen Lebensgefährten für die erlittene Demütigung zu rächen. Die Sorge, in einem öffentlich ausgetragenen Sorgerechtsstreit bei offiziellen Stellen zu scheitern, ist berechtigt. Oft genug hat der Narzisst bewiesen, wie geschickt und manipulativ er agieren und wie gut er sich nach außen hin verkaufen kann. Und er scheut vor keinem Mittel zurück, um zu gewinnen.

Leider ist die Beschreibung der Probleme, denen Sie sich stellen müssen, wenn gemeinsame Kinder von der Trennung betroffen sind, nicht übertrieben. Seien Sie sich sicher, Ihr Narzisst wird zu seiner Hochform an Niederträchtigkeit auflaufen, wenn Sie ihm die Kinder wegnehmen. Angst zu haben, ist deshalb berechtigt.

Ein Fallbeispiel veranschaulicht das endlose Gehader zwischen dem früheren Ehemann und seiner narzisstischen Ex-Frau um das gemeinsame Kind, in das Jugendamt und Gericht eingeschaltet waren.

Fallbeispiel vom Jochen (Name geändert):

Der Samenraub

Jochen lernt die attraktive Susanne auf der Arbeitsstelle kennen. Ihm gefällt ihre selbstbewusste Art und wie sehr sich ihre Familie gegenseitig unterstützt. Nach zwei Jahren heiraten sie. Susanne, die immer aufgeschlossen war, hat plötzlich immer weniger Lust unter andere Menschen zu gehen. Wenn sie mal bei Bekannten eingeladen sind, ist sie anschließend wegen eines vermeintlichen Missverständnisses unzufrieden. Nach einem Sekt Empfang anlässlich eines Geburtstags moniert sie: „Die haben mir noch nicht mal ein Glas Sekt gereicht." Jürgen kann es kaum glauben, aber jetzt auf dem Heimweg lässt sich das auch nicht mehr nachvollziehen. Jetzt erst wird ihm bewusst, dass Susanne so gut wie keine Freunde hat und seine auch nicht mag. Auch der anfangs hilfsbereite Schwiegervater ist nicht mehr so nett und möchte verhindern, dass Jochen mit den Nachbarn redet, wenn er mit Susanne bei ihnen vorbeikommt. Das wären sowieso alles nur „Arschlöcher", lautet sein Argument. Zwischen Susanne und Jochen kommt es immer häufiger zu Streit. Nach nur 3 Jahren beschließen sie, sich zu trennen. Susanne zieht zu ihren Eltern zurück.

Jochen meldet sich nicht mehr bei Susanne, die nach einer kurzen Pause plötzlich anfängt, ihn täglich am Arbeitsplatz anzurufen. Sie zeigt sich wieder von ihrer charmantesten Seite.

Als das nichts bewirkt, erzählt sie ihm, sie sei an Krebs erkrankt und überredet Jochen zu einem persönlichen Treffen. Als er erscheint, umschmeichelt sie ihn und legt es darauf an, mit ihm in ihrem Zimmer allein zu sein. Dort verführt sie ihn. Danach nehmen ihre Anrufe plötzlich wieder ab.

Nach einigen Monaten meldet sich Susanne mit der Nachricht, sie sei schwanger. Bei der Geburt erfährt Jochen, dass Susanne kerngesund ist. Mit der Schwangerschaft hatte sie ihn vor vollendete Tatsachen gestellt. Da beide noch nicht geschieden sind, erkennt Jochen den Sohn Leon, der wenige Monate später zur Welt kommt, als seinen an. Mehr ist nicht erwünscht. "Das ist mein Kind. Du musst dir keine Gedanken machen." Obwohl beide mittlerweile knapp 30 Kilometer voneinander entfernt wohnen, möchte Jochen sich als Vater einbringen. Daraufhin erhält er von Susannes Mutter die knappe Antwort: „Ein Kind gehört zur Mutter und sonst nirgendwo hin." Jetzt ist Susanne plötzlich mit einer schnellen Scheidung einverstanden. Solange Jochen für seinen Sohn finanziell aufkommt.
Dafür besteht er auf einem Besuchsrecht für Leon. Das wird ihm unter klaren Auflagen zugestanden. Wenn Susanne oder ihre Eltern jedoch bemerken, dass Leon beim Spielen mit seinem Vater zu viel Spaß hat, wird die Besuchszeit abgekürzt.

Leon ist ungefähr 3 Jahre alt, als er mit seinem Vater im Hof der Großeltern eine Schneeballschlacht macht.
An einem Schneeball von Leon klebt noch etwas Sand, der an

einer Mauer haften bleibt. Der Großvater rastet aus und erteilt Jochen umgehend Hausverbot. Er muss von nun an seinen Sohn am Hoftor abholen. (Vor dem Schiedsgericht behauptet Susannes Familie später, Jochen habe die Bälle mit Split gefüllt und absichtlich auf das Haus geworfen.)
Jochen wundert sich, warum Leon sich vehement weigert, in sein Auto einzusteigen. Er erfährt, dass Susanne sowohl dem Jugendamt als auch dem Familiengericht erzählt hat, Jochen sei als Kind von seinem Vater im dunklen Keller eingesperrt worden und wolle das auch mit Leon machen.

Fortan kann Jochen mit seinem Sohn nur noch im Umkreis des Hauses unterwegs sein und höchstens mit ihm die Eisdiele besuchen. Er erfährt, dass Susanne auch behauptet hat, wenn er seinen Sohn mit zu sich nach Hause nähme, wolle er ihn zu sich „und wer weiß noch wohin entführen". Leon bekommt Angst, möchte nicht mehr mit seinem Vater allein sein. Jochen macht immer wieder Termine mit dem Jugendamt und dem Familiengericht, zu denen Susanne oft nicht erscheint. Einmal kommt sie mit ihrer Anwältin und behauptet, kein Auto zu besitzen, mit dem sie Leon mal zum Vater (inzwischen ein zweites Mal glücklich verheiratet mit einem weiteren Sohn) und dessen Familie fahren könne (damit er seinen kleinen Bruder kennenlernt). Jochen wird sauer, denn die Familie besitzt vier teure Autos (Statussymbole), die nur nicht immer benutzt werden.

Unterlagen über schulische Belange, die eine Unterschrift des Vaters erfordern, schickt Susanne ihm immer erst zu spät, damit sie ihm die Schuld geben kann, wenn eine Klassenfahrt oder sonst ein Termin daran scheitern. Alle Vermittlungsversuche seitens der Behörden werden von ihr boykottiert. Die Familienrichterin hat von Anfang an mehrmals klar gemacht, dass ein Kind Vater und Mutter braucht. Solange Leon aber den Lügen seiner Mutter und Großeltern glaubt, wird er von sich aus keinen Kontakt zum Vater suchen. Dazu befragt, bleibt er eine Antwort schuldig. Die Familienrichterin sieht ihn „in einem schweren Loyalitätskonflikt".

Mittlerweile ist Leon 16 Jahre alt. Er wirkt schüchtern und hatte zeitweise Sprachprobleme. Sein Vater würde ihn gern unterstützen, aber er kommt nicht mehr an ihn heran…

Leider endet der Kontakt mit dem Narzissten nicht mit der Trennung. Der Weg danach wird extrem schwer, dennoch gibt es keine Alternative zum Handeln. In der Beziehung mit dem narzisstischen Ex-Partner sind Sie an Ihre psychischen Grenzen und Ihr Limit an körperlicher Belastbarkeit gekommen. Wenn Sie untergehen, sind Ihre Kinder völlig Ihrem narzisstischen Expartner ausgeliefert. Das können Sie nicht zulassen! Ihn jetzt endgültig zu verlassen, ist aus diesem Grund die einzige Chance für sie alle. Ihnen muss trotzdem bewusst sein, was auf Sie zukommen wird. Nur wenn Sie sich sehr gut vorbereiten und sich Unterstützung sichern, wird Ihnen die Trennung gelingen können.

Die Trennung vorbereiten

Die Situation scheint ausweglos. Angst vor der Zukunft, vor der Ungewissheit und vor allem vor der Rache des Ex machen die anstehende Trennung nicht leichter.
Und dennoch ist es gerade jetzt wichtig, einen kühlen Kopf zu behalten und die Trennung, die meist den Auszug aus einer gemeinsamen Wohnung bedeutet, gut vorzubereiten.
Immens wichtig ist, nicht mit dem Narzissten über die Trennungspläne zu reden.
Eine Trennung ist für ihn der Inbegriff der Zurückweisung und darauf reagiert er erfahrungsgemäß mit dem ihm eigenen Repertoire an negativen Gefühlsäußerungen.
Sind wie oben beschrieben auch noch Kinder im Spiel, darf er keine Möglichkeit erhalten, selbst aktiv zu werden und so dem Opfer einen Schritt voraus zu sein.
Einen „normalen" Partner mag man Hals über Kopf nach einer Auseinandersetzung verlassen können. Trotzdem ist es meist möglich, wenn der erste Zorn verraucht ist, nach Wegen zu suchen, um das gemeinsame Leben gesittet auseinander zu dividieren.
Mit einem Narzissten funktioniert das nicht. Das macht eine minutiöse Planung unumgänglich. Wohin will man

gehen, wie viel eigene Mittel sind vorhanden, was kann man mitnehmen, ohne dass der Ex es merkt, wo findet man Hilfe und Unterstützung, wie regelt man das mit den Kindern, welche Abhängigkeiten sind sonst noch vorhanden? Diese und weitere Fragen muss der Co-Narzisst klären, bevor den eigentlichen Trennungsschritt vollzieht, d.h. noch während er mit dem Narzissten zusammenlebt, muss er sich ein Parallelleben für die Zukunft aufbauen.

Um ihn keinen Verdacht schöpfen zu lassen, sollte materieller Verlust einkalkuliert werden. Dieser steht jedoch in keinem Verhältnis zu Ihrem eigenen Glück, Ihrer Zukunft und schon gar nicht zu Ihrer Gesundheit.
Private Kleinigkeiten können während seiner Abwesenheit stückweise aus den gemeinsamen vier Wänden geschafft werden, bei größeren und vor allem gemeinsamen Anschaffungen wird das schon schwieriger. Der Partner auf dem Absprung muss es also schaffen, sich eine neue Wohnung soweit neu einzurichten, dass er darin leben kann. Nach der Trennung wird der Narzisst alles für sich beanspruchen.

Auch der Gang auf verschiedene Ämter und zu Ärzten ist unvermeidlich. Wer finanziell abhängig war, benötigt eine eigene Arbeit oder muss Unterstützung wie Wohngeld beantragen. Das sind viele Termine von denen der Narzisst nichts mitbekommen darf. Auch ein Arzt sollte über den Missbrauch informiert sein. Als letzte Möglichkeit ist immer das nächstgelegene Frauenhaus ein Zufluchtsort, zu dem man flüchten kann. Auch die Organisation „Der weiße Ring“, ein in mehreren Ländern Europas aktiver gemeinnütziger Verein, dem Schicksale von Narzissmus-Opfern nicht unbekannt sind ist eine Anlaufstelle, an die Sie sich wenden können. Sie haben verstanden, warum Ihre Vorbereitungen im Geheimen stattfinden müssen.

Bedenken Sie neben den organisatorischen Planungen für Ihr neues Leben, wirklich alles zu dokumentieren.
Reden Sie mit Ärzten, Anwälten und bei Kindern mit dem Jugendamt über Ihre Situation. Der Narzisst wird ausrasten und sich von seiner aller schlechtesten Seite zeigen, wenn Sie gegangen sind. Er will Rache und darauf müssen Sie gut vorbereitet sein! Schützen Sie sich bestmöglich, indem Sie alle zur Verfügung stehenden Hilfsmaßnahmen beanspruchen. Die sind dafür da, um Menschen in Ihrer Situation Unterstützung zu gewähren. Bleiben Sie bei Ihren Schilderungen bei sich und dabei, was sie Erlitten haben und greifen Sie nicht zu den Mitteln Ihres früheren Partners. Profis wissen das selbst einzuordnen. Und außerdem möchten Sie den Narzissten ja nicht weiter provozieren, sondern dass er irgendwann von Ihnen ablässt.

Der Narzisst soll sein Interesse verlieren

Es ist schwer, einen Narzissten zu ignorieren, der einen stalkt, mit Anrufen bombardiert und Drohungen ausstößt, wie er sich zu rächen gedenkt. Den Co-Narzissten ängstigt das und es macht ihn andererseits auch wütend.

Solange es dem Narzissten gelingt Aufmerksamkeit zu erwecken, fühlt er sich für den Verflossenen wichtig und stark. Aus seiner Sicht sind alle Machtmittel auf seiner Seite. Ohne die Aufmerksamkeit des Ex-Partners verlieren diese aber ihre Wirkung. Er wird eine Weile toben und wüten, aber irgendwann wird sich sein Interesse legen und er wird sich ein neues Opfer suchen – wenn er das nicht schon längst gefunden hat. Durchblickt er das gespielte Desinteresse, kann er auch von Drohen auf Schmeicheln umschalten, um auf diese Weise das Opfer wieder für sich zu gewinnen. Ihr Desinteresse muss deshalb auf jeden Fall auch positiven Annäherungsversuchen gegenüber gelten.

Gehen Sie auf keinen Fall auf seine Drohungen und Einschüchterungsversuche ein. Denn er will im Mittelpunkt stehen und erreicht das, indem Sie auf ihn reagieren.

Da sie seine Spielregeln nun kennen und nicht mehr mitspielen, wissen Sie, was ihn am meisten kränkt. Ignorieren Sie ihn. Schützen Sie sich mit Hilfe anderer gegen seine Drohgebärden, aber lassen Sie ihn selbst nicht mehr an sich heran.

Bereits vor der Trennung können Sie üben, ihn links liegen zu lassen, um etwas Abstand zu seinen Spielchen zu gewinnen. Geben Sie sich keine Blöße, d. h. geben Sie ihm keine Angriffspunkte, sondern verhalten Sie sich kühl distanziert. Irgendwann ist ihm das Spiel zu blöd und er schaut sich, nach einem Menschen um, der sich von ihm noch beeindrucken lässt. Es gibt einige Möglichkeiten, mit denen es leichter fällt, sich den Narzissten auf Distanz zu halten.

Die Grey Rock Methode

Schon der Name erklärt, wie die Methode funktionieren soll. Indem sich der Partner unbeweglich wie ein Stein dem Narzissten gegenüber verhält, soll dieser langsam die Lust zu Provokationen schon während der Beziehung ihm gegenüber verlieren. Bei Beschimpfungen, Bedrohungen, aber auch Schmeicheleien und Liebesbekundungen emotional neutral und an der narzisstischen Person desinteressiert zu bleiben ist eine Theorie, die ein psychisch angeschlagener Co-Narzisst nicht so leicht in die Praxis umsetzen kann.

Die Methode bezieht sich auf das Grundbedürfnis des Narzissten nach Aufmerksamkeit und Zuwendung. Sie geht davon aus, dass der Narzisst nach einer Weile von seinem Opfer ablässt, wenn seine Bedürfnisse nicht „gefüttert“

werden, weil das ehemalige Opfer ihn konsequent ignoriert. Der Co-Narzisst braucht allerdings schon eine gewisse Stabilität und Abgeklärtheit, um sein Desinteresse an den Manipulationsversuchen des narzisstischen Partners durchzuhalten und sich zu keinem Zeitpunkt aus der Reserve locken zu lassen. Verfügt er über diese innere Haltung, dann hat sich diese Methode nach einer Weile bereits als erfolgreich erwiesen.

Sie allein wissen, ob Sie in der Lage sind, dem Drama Ihres Narzissten auf Dauer zu widerstehen. Falls Sie sich bereits eine dicke Haut zugelegt haben und Kinder oder andere Familienmitglieder davon betroffen sind, ist es sicherlich sinnvoll, das Interesse Ihres Peinigers auf diese Weise von sich abzuwenden.

Letztendlich geht es darum, dass Sie der Mittelpunkt Ihres Lebens werden und keine Versuche mehr unternehmen, den Narzissten zurück zu erobern. Falls Sie aber bereits an diesem Punkt angekommen sind, ist es dann nicht besser, die eigenen Kräfte und Energien für eine gut organisierte Trennung zu bündeln?

Absolute Funkstille einhalten

Wohl das Wesentlichste nach einer vollzogenen Trennung ist, konsequent zu bleiben, sich nicht mehr bei dem Narzissten zu melden und weder auf Drohungen noch auf Liebesbeteuerungen herein zu fallen. Das fällt natürlich am leichtesten, wenn der Co-Narzisst weder mit dem Narzissten verheiratet war noch gemeinsame Kinder von der Trennung betroffen sind. Vor allem, wenn noch ambivalente Gefühle im Raum stehen ist es notwendig, dem Narzissten nach der Trennung aus dem Weg zu gehen. Viel zu groß ist die Gefahr, dass entweder gerade verheilende Wunden wieder aufbrechen oder aus Sehnsucht alle Bedenken beiseite geschoben und die Trennung rückgängig gemacht wird. Der Narzisst kann, wenn er seinen Partner umwirbt, um sein gekränktes Ego zu besänftigen, ihm sehr überzeugend vorspielen, reumütig zu sein und sich diesmal wirklich ernsthaft ändern zu wollen. Bis zum nächsten Ausraster, bis zum nächsten Betrug, bis zum nächsten Missbrauch. Bei jedem Treffen kann die alte Liebe wieder aufflammen, was die ganze Arbeit, die der Co-Narzisst bereits in den Trennungsprozess gesteckt hat, zunichte macht.

Wirklichen Abstand gewinnt das Opfer nur durch eine konsequente Vermeidungsstrategie. Ihre Gefühle fahren mit Ihnen Achterbahn. Sie haben Sehnsucht nach dem narzisstischen Ex-Partner und würden am liebsten alle

Vernunft über den Haufen werfen. Wenn Sie glauben, es allein nicht zu schaffen, konsequent die Funkstille zu ihm einzuhalten und auch auf seine Kontaktversuche nicht einzugehen, dann holen Sie sich Unterstützung von einer mit ihnen solidarischen Person. Die erinnert Sie immer wieder daran, wie wichtig es für Ihre eigene seelische Heilung ist, den Narzissten endlich loszulassen. Sagen Sie sich jeden Tag wie ein Mantra „Meine Entscheidung war richtig, ich werde nicht mehr schwach!“.

In Zeiten von Social Media ist das schwer. Deshalb ist es ratsam, wenn Sie ihn auf allen sozialen Plattformen löschen, um nicht doch wieder nachzugeben und nur mal schnell nach seinen neuesten Posts zu schauen.

Jede Schwachstelle zur erneuten Kontaktaufnahme, die Sie gleich zu Beginn stopfen, verhindert, dass Sie seinen Umwerbungsversuchen – dem „Hoovering“ – zum Opfer zu fallen.

Hoovering

Eine Trennung, vor allem, wenn sie nicht von ihm ausgeht, kratzt mehr als alles andere an dem Selbstwertgefühl des Narzissten. Die Kontrolle über einen sehr nahestehenden Menschen zu verlieren, löst bei ihm ein Versagensgefühl aus, das er so nicht kennt. Er kann nicht wie ein gesunder Mensch an einem Punkt einsehen, dass die Beziehung nicht

mehr zu retten war und den Verlust betrauern.
Um sein gekränktes Ego zu besänftigen muss er die Situation rückgängig machen. Die Technik mit der er das versucht, nennt man „Hoovering“ (deutsch: Staubsaugen).
Er möchte den abhanden gekommenen Partner regelrecht zu sich zurück saugen. Jedem frisch getrennten Co-Narzissten muss bewusst sein, dass sein erneutes Umwerben nichts mit der plötzlichen Erkenntnis, seine große Liebe verloren zu haben, zu tun hat. Was der Narzisst verloren hat, ist Macht. Ihm geht es bei seinem Handeln nicht primär um den betreffenden Partner, sondern darum, den alten Zustand wiederherzustellen, als er noch über die Kontrolle der Beziehung verfügte.

Dieses Umwerben ist besonders gefährlich für Ex-Partner, denen es noch nicht gelungen ist, emotionalen Abstand zum Narzissten zu gewinnen. Deshalb ist Vorsicht geboten, wenn der Narzisst versucht sich offen, herzlich und charmant bei seinem verflossenen Partner in Erinnerung zu bringen.
Auch gegenüber überschwänglichen Beteuerungen und Versprechungen, sich jetzt wirklich ändern zu wollen, ist Skepsis geboten. Um sich selbst nicht der Situation aussetzen zu müssen und eventuell doch schwach zu werden, ist die sicherste Methode, die zuvor beschriebene absolute Funkstille. Das Hoovering läuft in der Regel nach einem gewissen Schema ab. Seien Sie deshalb vorgewarnt und achtsam, wenn

- der Narzisst überraschend mit Blumen oder Geschenken bei Ihnen vor der Tür steht
- mit Ihnen über soziale Netzwerke schriftlich Kontakt aufnimmt und Fotos aus glücklichen Zeiten in den sozialen Netzwerken posted
- behauptet, eine Therapie begonnen zu haben, um sich zu ändern
- generell jeden Versucht nutzt, in Ihrem neuen Leben einen Fuß in die Tür zu bekommen
- und wenn das alles nichts nutzt, mit einer erfundenen Krankheit auf die Mitleidstour kommt.

Wie wenig es ihm mit dem Neuanfang ernst war, bekommen Sie zu spüren, wenn Sie standhaft bleiben.
Die Kränkung verursacht in ihm eine ohnmächtige Wut, aus der heraus er zu allem fähig scheint, sogar Stalking. Sagen Sie sich immer wieder, dass er das alles nur aus Egoismus macht und um Ihnen die Trennung zu erschweren. Letztlich ist Hoovering am Ende einer Verbindung das Pendant zum Love Bombing an deren Beginn.

Love Bombing

Wenn Hoovering der letzte Versuch des Narzissten ist, den Partner an sich zu binden, ist Love Bombing die Strategie das Einfallstor beim „Love Interest“ finden, um sich als der Eine auf der Welt zu präsentieren. Schon bei den ersten Treffen müssen beim potentiellen Opfer Gefühle entstehen, die ihm vermitteln, nicht mehr ohne den Narzissten leben zu können. Die Welt fühlt sich mit dem Narzissten als Partner besser an als je zuvor. Er hört zu, er gibt Bestätigung, er unterstützt und spricht dem Opfer aus der Seele. Er muss der Richtige sein, denn sonst könnte man sich in seiner Gegenwart nicht so fallen lassen….

Was das Opfer nicht weiß, ist, dass es gezielt ausgesucht wurde aufgrund seiner Anfälligkeit für Schmeicheleien, seiner Unsicherheit und seinem geringen Selbstwertgefühl. Der Narzisst hat in ihm den idealen Co-Narzissten erkannt, leicht formbar und empfänglich für seine Manipulationsversuche. Der Narzisst fühlt sich besonders zu dem Opfer hingezogen, wenn körperliche und finanzielle Attraktivität mit einem unsicheren Ego einhergehen. Love Bombing ist nichts weiter als die erste Narzisstische Phase. Hat der Narzisst sein Opfer an der Angel, das heißt Hals über Kopf in sich verliebt gemacht, beginnt die Kontroll- und Verunsicherungsphase. Trotz seines für den Partner verstörenden Verhaltens, versteht es der manipulative Narzisst geschickt, sein Opfer dazu zu bringen, auch seine Schikanen als Liebesbeweise zu interpretieren und ihn dafür nur noch mehr zu lieben.

Zum Glück gibt es ein paar Warnzeichen, die das Opfer, ungeachtet seiner Karussell fahrenden Gefühle nicht außer Acht lassen sollte. Sie glauben, Ihren Traummann gefunden zu haben, weil sich mit ihm alles rund herum himmlisch anfühlt. Er meldet sich mehrmals am Tag, er verwöhnt sie mit Aufmerksamkeiten und kleinen Geschenken, er hört Ihnen (immer!) zu, er ist zuvorkommend, stets Ihrer Ansicht, höflich, möchte Ihre Eltern kennenlernen und am liebsten sofort gemeinsam zu einem romantischen Liebestrip aufbrechen… Wenn Ihnen das alles zu schnell geht und Sie sich wundern, warum Ihr neuer Freund so vollkommen seine Ecken und Kanten versteckt und überhaupt keine eigenen Wünsche äußert, dann verfügen Sie über ein gesundes Bauchgefühl.

Leider hören viele Menschen vor lauter Verliebtheit nicht auf Ihre Intuition und lassen sich manipulieren, bis sie emotional so tief verstrickt sind, dass sie sich nach der schmerzhaften Trennungsphase erst wieder selbst als Individuum wahrnehmen lernen müssen, um vollkommen an ihrer Seele heilen zu können.

Dazu noch ein anschauliches Fallbeispiel des 10 Jahre währenden Martyriums von Franziska (Name geändert).

„Unsere Beziehung dauerte 10 Jahre und wir haben auch eine gemeinsame Tochter. Zu Beginn war er sehr großzügig, charmant und zuvorkommend. Aus heutiger Sicht weiß ich, dass es pure Manipulation war, und dass alles, was er für mich getan hat, nur dazu diente, etwas für sein Ego zurückzubekommen. Nicht nur durch seinen beruflichen Erfolg und seinen Reichtum kann er sehr gut andere Menschen manipulieren. Über mich versuchte er mit Druck und Erpressung, die totale Kontrolle zu erlangen. Bei Bestrafungen lief mein Mann zur kreativen Hochform auf. So wurde das Haushaltsgeld zweimal monatlich ausgezahlt, aber von meinem Wohlverhalten abhängig gemacht. War er damit unzufrieden, sperrte er mich ein und stellte den Strom ab.

Damit er sich nicht von meinen Gefühlen nähren konnte, begann ich ihn zu ignorieren. Wenn ich nicht auf ihn reagierte, wurde er aggressiv, um Aufmerksamkeit zu bekommen. Da er über keinen eigenen Freundeskreis verfügte, verlangte er von mir bespaßt zu werden. Er kam und ging nach Lust und Laune, ließ mich wochenlang mit dem Kind allein und veranstaltete anschließend Psychoterror. Dabei griff er mich auch gewalttätig an oder zerstörte mitunter teure Gegenstände wie Laptops, indem er sie an die Wand warf. Um mich zu demütigen, ging er mit seiner Ex-Frau und unserer Tochter zur Hochzeit seines Bruders.

An diesem Abend spielte ich mit Selbstmordgedanken, betrank mich aber dann zum Glück. Wenn er mich zu sehr gequält hat, habe ich mich zu Freunden geflüchtet. Leider war er schneller und hat sie mit seiner Version der Geschichte manipuliert, so dass ich kein Gehör fand. Er stellte mich vor ihnen als psychisch labil und durchgeknallt dar. Gleichzeitig versuchte er meine Abhängigkeit von ihm zu vergrößern, indem er mir ein neues (auf ihn angemeldetes) Auto in Aussicht stellte, wenn ich mein eigenes verkaufte. Hätte ich mich darauf eingelassen, hätte er nicht gezögert, es gestohlen zu melden, sobald ich es benutzte, um mich von ihm zu distanzieren.

Als er längere Zeit nicht arbeitete, weil er bereits genug Geld besaß, wurde es erst richtig schlimm. Ich bekam mit, dass er meinen Hund misshandelte, um mich zu bestrafen. Er leugnete das, aber das Tier hatte große Angst vor ihm. Er machte es aus Eifersucht, weil er wusste, dass ich an dem Hund hing. Auch vor unserem Kind machte er nicht halt. Einmal kam die Polizei und er durfte sich uns 10 Tage lang nicht nähern. Nach jedem Streit gab er sich einsichtig und bekundete unter Tränen seine Liebe, auch mit Geschenken (einmal sogar mit einem Goldbarren!). Was ich dazu zu sagen hatte, verdrehte er und spielte es herunter. Immer wieder versuchte er mich als gestört hinzustellen. Wenn ich ihm nach einer Auseinandersetzung den anschließenden Versöhnungssex verweigerte, zeigte er wieder sein wahres aggressives Gesicht.

Als er merkte, dass ich darüber nachdachte, ihn zu verlassen, blieben alle Zuwendungen aus. Stattdessen wollte er für jeden kleinen Handgriff im Haushalt überschwänglich gelobt und bewundert werden.

Wir driften noch weiter auseinander. Je weniger Aufmerksamkeit er bekam, desto rigider beschränkte er mein Leben (Geld, Verbot von Familienbesuchen etc.).

Seine Versuche romantische Situationen herzustellen, wirken fast schon hilflos. Irgendwann war für mich der Zeitpunkt gekommen, aus meinem Ehe-Gefängnis auszubrechen. Ich hatte warten wollen, bis das Kind alt genug ist, um zu entscheiden, mit mir zu kommen. Da er meine Entscheidung gespürt haben muss, versuchte er jeden Ausbruchsversuch zu unterbinden. Hinzu kam, dass ich ohne Job finanziell von ihm abhängig war. Ich wollte mir einen Halbtagsjob suchen, worauf er meine Tochter als Druckmittel nahm, um mich zuhause zu halten. Er wollte mir sogar für mehrere Zehntausend Euro mein Sorgerecht abkaufen. Gegen ihn hätte ich beim Jugendamt wenige Chancen gehabt.

Dann lernte ich eine Freundin kennen, der ich mich anvertrauen konnte und bei der er nicht in der Lage war, dieses Verhältnis kaputt zu machen.

Zwei Situationen haben mich dann letztendlich dazu bewegt, endgültig zu gehen. Er saß mit unserer Tochter bei den Mathehausaufgaben (ich muss dazu sagen, dass unsere Tochter eine Dyskalkulie hat) und fing plötzlich an sie anzuschreien. Sie arbeite schlampig und bekomme das sowieso nicht hin. Ich besänftigte ihn und erklärte, mit ihr weiterzuarbeiten. Später erzählte Sie mir, dass er sie geschlagen hatte. Ab diesem Moment war für mich klar, dass ich ihn verlassen werde. Ich wollte mir allerdings nichts anmerken lassen, sondern einfach heimlich abhauen und mich aus dieser Hölle losreißen. Ein anderes Mal habe ich heimlich gefilmt, wie er den Hund brutal getreten hat. Darauf angesprochen, drohte er mir, solange ich mich nicht angemessen verhalten würde, würde es auch meinem Hund sehr schlecht gehen.

Als er am Wochenende, wieder irgendwohin fuhr, packte ich unsere Sachen ging mit meiner Tochter zu meiner Freundin.

Er hat unsere Tochter nach dem Sorgerechtsstreit trotzdem bekommen, obwohl er zugegeben hat, sie geschlagen zu haben. Ich war machtlos! Ich weiß, dass er sie heute genauso behandelt, wie er mich behandelt hat. Auch nach der Trennung geht die Manipulation weiter. Wie immer gelang es ihm Richter und Staatsanwälte im Gerichtsprozess (und das Jugendamt) gut zu manipulieren und auf seine Seite ziehen. Von seinem Anwalt kommen jede Woche Briefe wegen Nichtigkeiten, wie dem Haareschneiden unserer Tochter. Ich rede mittlerweile überhaupt nicht mehr mit ihm und wir sehen uns auch nicht mehr, dennoch versucht er immer wieder, mich zu kontaktieren. Er will mit allen Mitteln verhindern, dass es mir gut geht, wenn es ihn nicht mehr in meinem Leben gibt. Um mich zurückzugewinnen, benutzt er unsere Tochter als Spielball. Ich bezweifle, dass sie ihn wirklich interessiert.

Außer seinem Geld hat er gar nichts. Ich habe das auch schon bemerkt, dass hinter seinem ganzen Aufbäumen und Wutattacken eigentlich nur ein ganz kleines Licht steckt, dass bedürftiger ist als ein dreijähriges Baby.
Ich habe einen Weg gefunden, mich emotional von diesem Menschen abzukapseln. Ihn kann ich nicht ändern.
Wenn ich anderen etwas verraten kann, dann das: Das Selbstbewusstsein, dass in dir steckt, wird der Narzisst niemals haben oder aufbauen können. Ich blühe jetzt nach der Trennung total auf. Es ist wie als wenn man nach 10 Jahren aus dem Gefängnis kommt. Verarbeitet habe ich das Ganze mit Sicherheit nicht ganz, es schlummert irgendwo in mir. Es ist eher wie die Büchse der Pandora, in der ich alles fest verschlossen habe. Die Situation mit meiner Tochter belastet mich dennoch, da ich weiß, dass es ihr bei ihrem Vater nicht gut geht. Ich denke auch, dass wenn ich jetzt das Sorgerecht bekommen hätte, ich sowieso keine Ruhe hätte, bis er sie bekommt. Er wäre bis zum obersten Gerichtshof dafür gegangen, das weiß ich.

Wir haben jetzt eine Umgangspflegerin, die sich um die ganze Kommunikation und Belange, die unsere Tochter angehen, kümmert.
Etwas für mich selbst zu tun und mein eigenes Leben, Freundschaften und Bekanntschaften wiederaufzubauen und selber endlich einmal wieder diejenige zu sein, der Aufmerksamkeit und Zuwendung bekommt, tut mir gut."

Nach der Trennung von einem Narzissten

Das innere Kind wiederbeleben

Die räumliche Trennung vom Narzissten ist vollzogen.
Ein selbstbestimmtes Leben ist in Sicht und doch kann der Ex-Partner nicht optimistisch in die Zukunft blicken. Die Geister der Vergangenheit sind noch zu präsent und in schwachen Momenten, drängt sich immer wieder der Gedanke auf, Kontakt mit dem früheren Peiniger aufzunehmen. Es war doch nicht alles schlecht, es gab doch auch gute Zeiten, vielleicht könnte sich ja eine Freundschaft mit ihm entwickeln, wenn schon keine Beziehung möglich war. Die innere Leere nach dem Auszug droht den Co-Narzissten dazu zu verleiten, sich wieder in alte Abhängigkeiten zu begeben.
Wer mit solchen Gedanken spielt, ist noch weit davon entfernt, sein gesundes Selbst gefunden zu haben.
Heilung braucht Zeit! Sich wirklich endgültig von

Narzissten zu lösen, bedeutet harte Arbeit an sich selbst. Um sich wirklich von ihm zu befreien, reicht es nicht aus, die Wut auf ihn lebendig zu halten. Die Wut hilft, um in der ersten Zeit, den nötigen Abstand zu halten und nicht rückfällig zu werden. Aber sie hilft dem Narzissmus-Opfer auf Dauer nicht mit sich selbst weiter. Um wirklich an seiner Seele zu gesunden, kommt der Betroffene nicht umhin, sich zu fragen, welche inneren Muster ihn überhaupt erst in diese Situation gebracht haben. Warum hat der Narzisst sich ausgerechnet von ihm angezogen gefühlt und warum hat er sich so bereitwillig darauf eingelassen? Warum hat er sein Spiel so lange mitgespielt und den Absprung nicht geschafft? Wieso hat er sich vom Narzissten immer wieder misshandeln lassen und die Schuld dafür bei sich selbst gesucht? Wie konnte er emotional so abhängig werden, dass er sich ohne den Narzissten wie ein hilfloses Kind gefühlt hat? Wer so empfunden und gehandelt hat, waren nicht Sie als erwachsener Mensch, sondern Ihr verletztes inneres Kind. Ein gesundes erwachsenes Ich wäre nicht bei seinem Unterdrücker geblieben. Aber vor allem hätte er ihn gar nicht erst für sich erwählt, weil es niemals ein geeigneter Co-Narzisst hätte sein können. Es geht hier nicht um Schuld und Schuldzuweisungen. Es geht um Akzeptanz und die Einsicht, dass Sie es haben mit sich machen lassen, weil Sie nicht anders konnten. Wollen Sie wirklich heilen und Ihre Verhaltensmuster endgültig loslassen, kommen Sie nicht

umhin, Ihr inneres Kind anzunehmen und sich eingehend mit ihm zu beschäftigen.
Der Narzisst berührt mit seinem Verhalten verdrängte schmerzliche Erinnerungen aus der Kindheit.
Wer in seiner Kindheit extreme Verlassensängste hatte, unter Lieblosigkeit oder extremer Nichtbeachtung und Zurückweisung durch einen oder beide Elternteile litt oder sonst eine seelische oder sogar körperlich traumatische Erfahrung – wie Misshandlung – machen musste, hat in seiner Psyche diese Schmerzen von anderen Erinnerungen abgespalten. Das war notwendig, um relativ normal weiterleben zu können. Unbewusst auf der Suche nach der Erfüllung dessen, was in der Kindheit versagt blieb, gerät man als Erwachsener an Menschen, die dem Elternteil gleichen, der die seelische Wunde zugefügt hat. Immer in der Hoffnung, endlich die Liebe zu finden, die das Trauma auflöst.

Doch solange der traumatisierte Mensch nicht lernt, selbst die Verantwortung für die Heilung des inneren Kindes zu übernehmen, wird er keinen inneren Frieden finden. Solange wird er sich immer wieder Menschen ausliefern, die den Verursachern der traumatischen Erfahrungen gleichen und die leidvollen Erlebnisse werden sich endlos wiederholen.

Spätfolgen nach dem Missbrauch behandeln

Ein Problem zu verdrängen, trägt nicht zu dessen Lösung bei. Wer sich seinen seelischen Verletzungen nicht stellt, wird sie nie verarbeiten können. Oder um am Beispiel des Narzissten zu bleiben, dem Co-Narzissten wird es vielleicht gelingen, den Narzissten zu verlassen, aber bei nächster Gelegenheit auf den nächsten hereinfallen, der in ihm ein willkommenes Opfer erkennt. Die Geschichte wird sich wiederholen. Vielleicht fühlen sich sogar von Mal zu Mal die Verlassensängste noch bedrohlicher an und das Liebesbedürfnis zeigt sich noch verzweifelter.

Narzisstische Abhängigkeit ist Suchtverhalten und ebenso wie andere Süchte selten ohne fremde Hilfe in den Griff zu bekommen. Und ebenso wie bei Süchten wie Alkoholismus, Nikotin- und Drogensucht, Fress-Sucht etc. zeigen sich bei anhaltendem Missbrauch Spätfolgen. Diese können bereits vor der Trennung eintreten oder auch erst im Anschluss, wenn der Betroffene schon glaubt, seine Abhängigkeit überwunden zu haben. Hat er den Absprung vom Narzissten zumindest räumlich geschafft, übersieht der ehemalige Co-Narzisst häufig, dass dies nur der erste Schritt war und die eigentliche Arbeit auf dem Weg zu einem glücklichen Selbst erst noch beginnt.

Viele Menschen machen sich nicht bewusst, in welchem Maß Körper, Seele und Geist zusammengehören. Narzisstischer Missbrauch bringt diese Einheit aus dem Gleichgewicht. Dass dies dem Narzissten gelingt, liegt daran, dass er unverarbeitete Wunden als Einfallstor benutzt, um sein Opfer von sich abhängig zu machen.
Um zu verhindern, dass einem ehemaligen Co-Narzissten das jemals wieder passiert, muss er sich seinen seelischen Verwundungen aus der frühen Kindheit stellen. Nur dann hat er die Chance, mit sich selbst ins Reine zu kommen und sich eine erwachsene Identität aufzubauen.

Leider werden die psychischen und physischen Spätfolgen des Missbrauchs viel zu oft nicht erkannt oder nicht ernst genug genommen. Grund genug, sich ihnen etwas genauer zu widmen.

Psychische Spätfolgen

Narzisstische Gewalt hinterlässt immer Spuren. Manche stellen sich im Lauf der Beziehung ein, andere nach der vollzogenen äußeren Trennung. Spätfolgen sind deshalb nicht als Konsequenzen zu verstehen, die sich erst nach Jahren einstellen, sondern psychische Reaktionen auf den fortwährenden emotionalen Missbrauch, die zum Teil lange anhalten. Aufgrund der von Narzissten verwendeten

Methoden zum Machtmissbrauch wie Gaslighting, Verdrehen der Tatsachen, Lügen usw. stellt sich mit der Zeit bei seinem Opfer ein Vertrauensverlust in seine eigene Wahrnehmungsfähigkeit ein. Das sowieso schon schwache Selbstwertgefühl nimmt ab, bis sich der Co-Narzisst die einfachsten täglichen Verrichtungen nicht mehr zutraut, und sogar zuvor erworbene Fertigkeiten wieder verliert. Das Opfer zweifelt daran, überhaupt noch irgendetwas richtig zu machen. Dieses Verlustgefühl verursacht Panikattacken bis zu anhaltenden Angstzuständen.

Schlafstörungen führen zu Konzentrationsstörungen und dem Gefühl generell „durch den Wind“ zu sein.

Kommt der psychisch und vermutlich mittlerweile auch physisch geschwächte Mensch nicht zur Ruhe, folgen anhaltende Alpträume, Burnout Symptome bis zur Depression oder eine Zwangsstörung. Sind Kinder betroffen, lässt sich bei ihnen nicht selten antisoziales Verhalten als Reaktion auf den narzisstischen Missbrauch feststellen.

Was die Opfer als absoluten Kontrollverlust über ihr Leben empfinden, ist besonders von ihrem sozialen Umfeld (falls das noch vorhanden ist) sehr ernst zu nehmen, da mitunter von Suizidgefahr ausgegangen werden kann.

Stolz und Scham sollte Sie nicht davon abhalten, ernst gemeinte Hilfe anzunehmen. Nachdem Sie jahrelang keine positive Bestätigung erfahren haben, tut es schon enorm gut, wenn Ihnen jemand zuhört und Sie in den Arm nimmt.

Ohne Hintergedanken, nur als kleine menschliche Geste. Es gibt Menschen, die Sie wahrnehmen und Ihnen wohlwollend gegenüberstehen.

Körperliche Spätfolgen

Nicht immer lassen sich körperliche und seelische Reaktionen auf narzisstischen Missbrauch klar voneinander abgrenzen, weil sie sich, wie z. B. Burnout oder Suchterkrankungen (vorwiegend Alkohol und Tabletten, um die Angstzustände und die Schlaflosigkeit zu bekämpfen) ganzheitlich äußern. Körperliche Probleme treten zu Beginn meist als Folgeerscheinung von Verspannungen auf, wie Rücken- oder Nackenschmerzen, aber auch Kopfschmerzen. Da die Haut, ein Spiegel der Seele ist, können auch plötzlich auftretende Hautprobleme Folgeerscheinungen von emotionaler Gewalt sein.

Wie die Schuppenflechte, unter der Opfer seelischer Gewalt nicht selten leiden. Sie wird zu den Autoimmunerkrankungen gezählt, d. h. das Immunsystem wendet sich gegen den eigenen Körper. Auch wenn für viele Mediziner die Zusammenhänge einer der seelischen Ursache ersichtlich sind, ist das Thema noch nicht umfassend genug erforscht. Manche Menschen fressen sich auch einen Panzer an, in der unbewussten Hoffnung, die ständigen psychischen Verletzungen damit nicht mehr so an sich heran kommen

lassen zu müssen.
Das Übergewicht kann zu weiteren Folgeerkrankungen wie Bluthochdruck, Diabetes etc. führen. Generell lässt sich sagen, dass nicht diagnostizierbare diffuse Symptome auf psychosomatische Beschwerden zurückgehen. Es gibt typische Erkrankungen, die sich bei diesen Missbrauchsopfern häufen, doch letztlich lässt sich nicht eindeutig erfassen, welche Krankheiten mit narzisstischer Gewalt korrelieren. Jeder Betroffene wird von einer anderen Leidensgeschichte berichten. „Ich habe keine Kraft mehr!" ist das vorherrschende Gefühl, mit dem Sie sich durch Ihr Leben schleppen? Akzeptieren Sie die Warnzeichen von Körper und Seele und Sie sind den ersten Schritt auf dem langen Weg zu Ihrer Heilung gegangen.

Mit der Trennung von dem Narzissten haben Sie die Reißleine gezogen. Nach dem Missbrauch werden einige Symptome noch anhalten und behandelt werden müssen. Erzählen Sie Ihrem Arzt, was Sie mitgemacht haben, damit er Ihnen besser helfen kann. Ab jetzt sind nur noch Sie wichtig. Künftig wird sich Ihr Leben in erster Linie darum drehen, dass Sie gesund werden und Ihr erwachsenes Ich mit Ihrem inneren Kind zu versöhnen. Dass Sie dies schaffen werden, davon bin ich überzeugt und das sollten Sie auch sein.

Was ist ein Trauma?

Den Begriff „Trauma" gibt es sowohl in der Medizin als auch in der Psychologie. Während Mediziner darunter eine körperliche Verletzung durch Gewalteinfluss verstehen, gilt in der Psychologie ein Trauma als eine starke seelische Erschütterung. Es entsteht durch Ereignisse, die Menschen Gefühlen von starkem Stress, extremer Angst, Hilflosigkeit und Entsetzen ausgesetzt haben. Auch emotionaler und mentaler Missbrauch gehören zu den extrem belastenden Erfahrungen, die in fast allen Fällen zu einem nachhaltigen Trauma führen. Spätfolgen eines seelischen Traumas äußern sich zumeist in einer extremen Wahrnehmungsstörung. Nicht umsonst fürchten viele Opfer verrückt zu werden, denn sie leiden unter zwanghaften Erinnerungen, schwerer Verwirrtheit und irrationalen Ängsten. Doch keine Angst, denn die Seele besitzt in gewissem Maß die Gabe zur Selbstheilung.

Dazu gehört zunächst, zu begreifen, dass die Angst machenden Zustände nicht aus einem selbst kommen, sondern reale Ursachen hatten, dass Situationen entstanden sind, auf die das eingeschüchterte Ego nicht anders reagieren konnte.

Anders als bei durch einen Schock ausgelösten Traumen, wie einem Autounfall oder plötzlichem Todesfall eines

Angehörigen, treten beim Trauma von Narzissmus-Opfern die genannten Symptome manchmal erst nach einiger Zeit auf. Das lässt sich so erklären: Solange sich alles nur darum dreht, von dem Narzissten weg und zu einem möglichst sicheren Hafen hin zu kommen, muss der Co-Narzisst einfach nur funktionieren.

Das ist ein Überlebensmechanismus. Sobald er aber ein wenig zur Ruhe gekommen ist, gibt die Psyche sich den Raum, sich mit ihrer eigenen Verwundung, ihrem Trauma zu beschäftigen. Das ist eine vollkommen normale Reaktion. Sind die äußeren Bedingungen – unterstützendes Umfeld und Alltagsroutine – für das Trauma Opfer mittlerweile gut, können sich die Symptome mit der Zeit von selbst abschwächen. Leider ist es ohne Unterstützung von außen in der Regel nicht der Fall. Halten die negativen Gefühle auch nach Monaten noch an und kommen noch körperliche Symptome hinzu, dann ist professionelle Hilfe unumgänglich.

Wenn Sie unter den beschriebenen Merkmalen leiden, reden Sie mit nahestehenden Personen darüber und suchen Sie sich professionelle Hilfe. Es ist auf gar keinen Fall eine Option, alles mit sich selbst auszumachen und den Schmerz mit Drogen oder Alkohol bekämpfen zu wollen! Posttraumatische Belastungsstörungen sind mit Geduld gut behandelbar. Verlieren Sie weder Geduld noch Mut.

Sitzt die Kränkung in Ihnen aber so tief, dass nicht nur gegen Ihren ehemaligen Partner, sondern gegen fast alle Menschen Aggressionen haben und sich von niemand helfen lassen möchten, dann kann es sein, dass Sie an einer Posttraumatischen Verbitterungsstörung leiden.

Die Posttraumatische Verbitterungsstörung

Eine erst in diesem Jahrtausend anerkannte Form der Posttraumatischen Belastungsstörung ist die Posttraumatische Verbitterungsstörung.

Bei den behandelten Patienten war, wie der Name sagt, Verbitterung das vorherrschende Gefühl nach einem einschneidenden traumatischen Erlebnis. Dabei kann es sich um den Verlust des Arbeitsplatzes, starkes Mobbing, aber auch anhaltende zwischenmenschliche Konflikte bis zu einer nicht verkrafteten schmerzlichen Trennung handeln. Die niederdrückenden Erlebnisse haben die Betroffenen als extreme Kränkung, Ungerechtigkeit und als Demütigung empfunden. Die Verbitterungsstörung ist nicht einfach nur eine vorübergehende Verbitterung, sondern ein anhaltendes Gefühl, das sich auf alle Menschen erstreckt. Ursache ist das subjektive Empfinden, im Stich gelassen und der eigenen Werte und Normen beraubt worden zu sein. Die Erinnerung an das auslösende Erlebnis äußert sich in negativen Abwehrgefühlen sowie starker Hilflosigkeit. Neben Verbitterung und Aggression gegen sich und andere, gelten Niedergedrücktheit bis zu Weinkrämpfen und Antriebslosigkeit bis zur Unfähigkeit, die kleinsten Aufgaben des Alltags zu meistern zu den bekannten Symptomen. Es kann auch sein, dass Rache- und Bestrafungsgedanken kurzzeitig alle anderen Emotionen dominieren. Die Beschwerden sind anhaltend, schränken das Alltagsleben ein und führen (unbehandelt) zu starken Depressionen. In manchen Fällen sind Depressionen von Beginn an bereits Begleiterscheinungen der Verbitterung. Was die Posttraumatische Verbitterungsstörung so schwer behandelbar macht, ist die mangelnde Kooperationsbereitschaft der leidenden, aber Hilfe dennoch abwehrenden Betroffenen.

Therapeuten sprechen sogar von dem Eindruck, dass Ihre betroffenen Patienten regelrecht in ihrem Leid baden. Hier Hilfsansätze zu vermitteln stellt sich schwierig dar.

Wenn Sie eigene Symptome in der Beschreibung erkennen, aber dennoch dies hier lesen, dann stehen Ihre Chancen gut, sich mit einer Verhaltens- oder Psychotherapie von einem kompetenten Therapeuten bei Ihrem Heilungsprozess helfen zu lassen. Sie lassen sich von Ihrer Verbitterung nicht unterkriegen und sind mittlerweile auf dem guten Weg zurück ins Leben. Nur so kann Ihnen gelingen, Ihr Trauma zu überwinden, Ihre eigene Identität zu finden und glücklich zu sein.

Die erfolgreiche Suche nach der eigenen Identität

In der langen Zeit mit dem Narzissten ging stückweise das Selbst verloren. Aber was ist das Selbst überhaupt? Es ist die Einheit von allem, was einen Menschen ausmacht, es fasst alle bewussten und unbewussten Aspekte einer Persönlichkeit zusammen. Das Selbst ist das, was einen Menschen einzig macht, seine Identität, das individuelle Selbstverständnis in einer sozialen Umgebung. Identität ist das Gefühl für die eigene Person. Sie hängt davon ab, wie Menschen sich selbst sehen und wie sie sich in anderen Menschen spiegeln. Das Selbstwertgefühl eines Opfers narzisstischen Missbrauchs ist schwach. Die Jahre mit dem Narzissten haben es noch weiter zum Schrumpfen gebracht, bis es nicht mehr spürbar war. Wie sucht man nun nach dem Ende der folgenreichen Beziehung wieder nach sich selbst?

Auf dem Weg zurück zu sich selbst sind die ersten entscheidenden Schritte, wie zuvor schon erwähnt, das Verstehen und die Akzeptanz der Situation. Weder Leugnen noch das Schönreden der Situation helfen dabei, die Opferrolle abzulegen und zu lernen, wieder Eigenverantwortung zu übernehmen. Akzeptanz heißt, nicht mehr gegen sich selbst anzukämpfen, sondern die daraus freiwerdende Energie für sich zu nutzen.

Nicht selten auch gegen den Narzissten, der nichts unversucht lässt, alte Verhältnisse wiederherzustellen. Was ihm mit einem Menschen, der gelernt hat, Eigenverantwortung zu übernehmen, nicht mehr gelingen wird.

Aber wie lernen Sie sich selbst wieder zu lieben und zu akzeptieren, nachdem Sie jahrelang keine eigene Wertschätzung empfunden haben, sondern sich nur durch die Augen Ihres Narzissten wahrgenommen haben?
Sich selbst zu finden, geht nur langsam und in kleinen Schritten vonstatten. Probieren Sie verschiedene Angebote aus und entscheiden Sie sich für das, was sich für Sie gut anfühlt. Finden Sie heraus, was Sie selbst für sich tun können, aber schrecken Sie auch nicht davor zurück, ärztliche oder therapeutische Hilfe zu suchen, wenn Sie Gefahr laufen, rückfällig zu werden oder Ihre persönliche Krise sich nicht auflöst. Greift der Narzisst zu fiesen Mitteln, benötigen Sie manchmal sogar einen Anwalt.

Achtsamkeit, Selbsterkenntnis und Meditation

Jeder Mensch, der sich seiner Schwächen, seiner Probleme, seiner Schmerzen und seiner Ängste bewusst wird, kann einiges dafür tun, sie loszuwerden oder zumindest zu verringern. Eine Methode, die sich in den vergangenen Jahren als sehr wirkungsvoll erwiesen hat, ist das Achtsamkeits-Training.

Für Opfer von Narzissten, deren Gedanken zwanghaft um die Vergangenheit kreisen und die Angst vor einer ungewissen Zukunft haben, bedeutet das Training eine besondere Herausforderung. Denn im Kern geht es darum, ihre Aufmerksamkeit auf den Moment zu richten, ihn bewusst zu erleben und anzunehmen. Die meisten Menschen leben jedoch mit dem Verstand in der Zukunft, während sich das Selbst in der Gegenwart befindet. Die gedachte Lücke zwischen Gegenwart und Zukunft füllt sich immer wieder mit Sorgen und Ängsten an. Wie Narzissmus Opfer wissen, kann diese mit Angst gefüllte Lücke schnell zum täglichen Begleiter werden. Die Gedanken sind der Realität immer mindestens einen Schritt voraus und können sich Stress machen oder mit Problemen und Nöten beschäftigen, anstatt den Moment bewusst wahrzunehmen und ihn bestenfalls auch zu genießen.
Das hört sich an, als bräuchte man jeden Tag mehr Zeit, als zur Verfügung steht. Das Gegenteil ist der Fall. Achtsamkeit spart Zeit, denn wer sich auf den Moment konzentriert, fühlt sich selbst besser, ist weniger gestresst und macht weniger Fehler. Diese immer korrigieren zu müssen, kostet letztlich mehr Zeit, als Aufgaben bewusst nacheinander zu erledigen. Speziell für Opfer von Narzissten ist es wichtig, ihren inneren Stress abbauen zu lernen und ihre Gedanken auf die Gegenwart zu konzentrieren. Sie werden dadurch sicherer dabei werden, sich ein neues Leben aufzubauen. Einige Menschen können schon bei den ersten Versuchen

mit der Meditation in kürzester Zeit (manchmal durch wenige Minuten täglich) ein Gefühl der Befreiung, des Wohlbefindens und der inneren Ruhe erreichen.
Werden solche Übungen regelmäßig durchgeführt können sie nachweislich Stress reduzieren und zufriedener machen indem Beispielsweise der Blutdruck gesenkt wird.
Stressbewältigung durch das Achtsamkeitstraining ist nur eine Art der Meditation, die Ihnen dabei helfen kann, zu lernen, wie Sie zurück zu sich selbst finden können. In der intensiven Beschäftigung mit sich selbst üben Sie, Eigenverantwortung zu übernehmen und auf sich achtzugeben. Das schafft sowohl Selbstvertrauen als auch Selbstbewusstsein für eine verantwortungsvolle Zukunft. Am besten gelingt so ein Training in einer Gruppe, die sich gegenseitig unterstützt. Mittlerweile wird fast überall die Achtsamkeitsmeditation MBSR nach Jon Kabat-Zinn angeboten. Die achtsamkeitsbasierte Stressbewältigung ist ein achtwöchiges Training, während dem Sie lernen, bewusst auf Ihre körperlichen Zustände und Emotionen zu achten und sie zu akzeptieren, ohne sie jedoch zu bewerten. Das Ziel ist es, einen Abstand zwischen dem Reiz und der Reaktion darauf zu schaffen. Selbstverständlich bedarf das einiger Übung und Geduld.

Jede Meditation hilft Ihnen, Ihre Gedanken zu beobachten und sie an sich vorüberziehen zu lassen. In der Erkenntnis davon werden Ihnen Ihre Gedankenkreisläufe bewusst.

Nur dadurch lernen Sie, diese aufzulösen. Je bewusster Sie sich Ihrer zwanghaften Gedanken (an den Narzissten) werden, desto eher können Sie diese unterbinden. Ein funktionierender Trick: Stellen Sie sich eine Schublade vor, in die Sie Ihre ungewollten Gedanken hineinpacken. Wichtig ist, die Schublade geschlossen zu halten und erst wieder zu öffnen, wenn Sie sich dazu in der Lage fühlen, sich mit dem Thema zu beschäftigen.
Ihr Trauma allein anzugehen ist nicht sinnvoll. Meditation sollte begleitend stattfinden. Falls Sie aktuell noch nicht dazu in der Lage sind, dann ist die Suche nach Menschen, die ähnliches erlitten haben sehr sinnvoll. Treten Sie einer Selbsthilfegruppe bei oder gründen Sie selbst eine, kontaktieren Sie eine Opferhilfe und reden Sie vor allem mit Ihren Angehörigen und Freunden. Reden Sie sich Ihren Schmerz von der Seele. Nur durch die Beschäftigung mit dem Erlittenen aus einem gesunden Abstand, finden Sie zu einem gesunden Verhältnis zu sich selbst.

Ohne Angst sich selbst wieder lieben lernen

Sich selbst lieben zu lernen, ist vielleicht die größte Herausforderung, der sich ein Narzissmus Opfer stellen muss. Denn in der Vergangenheit machte es immer wieder die Erfahrung, für andere nicht liebenswert zu sein und sich selbst deshalb auch nicht liebenswert zu fühlen.

Der Grund, warum Co-Narzissten so anfällig für das vermeintliche Liebeswerben des Narzissten sind, ist, weil sie mit großer Wahrscheinlichkeit schon unter einem Liebesdefizit aus früher Kindheit litten. Dazu kommt das abstoßende Übermaß an narzisstischer Selbstverliebtheit, dass der co-narzisstische Partner lange Zeit ertragen musste. Liebe ist für den Co-Narzissten also vermutlich mit ambivalenten Gefühlen verbunden. Er muss erst lernen, wie wenig wirkliche Liebe mit Arroganz und Egoismus gemein hat.

Nach der Trennung kommt zwar die Erkenntnis, den Tricks des Narzissten aufgesessen zu sein, aber zu der Überzeugung Schuld am Liebesaus zu sein, kommt nun der Frust über die eigene Dummheit hinzu. Der Co-Narzisst fühlt sich schlecht, weil er erkannt hat, dass er nur der Spielball eines Narzissten war. Das mischt sich vielleicht mit der Erinnerung an das narzisstische Muster aus der Kindheit. Es ist in Ordnung, darüber sauer und empört zu sein und solange sich die Wut auf den oder die Täter richtet, hat sie etwas Befreiendes.

Doch um ein normales Ich-Gefühl aufbauen zu können, muss sich beim Opfer die Einsicht durchsetzen, dass es keine Schuld trifft.

Überhaupt keine Schuld! An nichts! Es wurde missbraucht! Der Co-Narzisst hat nach einer leidenschaftlichen Verliebtheit lediglich auf eine erfüllte Partnerschaft gehofft und wurde aufs Bitterste enttäuscht. Das schmerzt sehr, geschieht aber auch in nicht narzisstischen Partnerschaften, wenn auch weniger extrem. Selbst Menschen, die keinen narzisstischen Missbrauch erleben mussten, tun sich mitunter schwer, sich in solchen Situationen selbst zu lieben. Selbstliebe heißt, in einer Beziehung zu und mit sich selbst zu sein. Wie in jeder Beziehung ist das Grundgefühl entscheidend, das während aller Höhen und Tiefen bestand hat. Mit anderen Worten, man muss sich selbst lieben wollen.

Wovor haben Sie Angst? Sie müssen mit keinem mehr konkurrieren, keine großartigen Leistungen vollbringen, nicht perfekt, sondern nur Sie selbst sein. Sie sind gut genug, um von anderen gemocht zu werden, warum also nicht auch von sich? Selbstliebe fällt nicht vom Himmel, Sie müssen etwas dafür tun. Nur wenn Sie lernen, gut zu sich zu sein und sich ohne wenn und aber, so wie Sie sind, Zuneigung zu schenken, wird sich Ihr Leben positiv verändern. Alle Ratschläge, wie Sie ein liebevolles Verhältnis zu sich selbst aufbauen, beginnen mit dem eindringlichen Vorschlag, die Wartehaltung aufzugeben, dass jemand kommt, der Ihnen das Lieben beibringt.

Es geht darum, sich selbst etwas Gutes zu tun, sich zu verwöhnen, auch kleine Fortschritte bei sich anzuerkennen. Jeden Tag!

- Schauen Sie genau hin, Sie finden etwas, worauf Sie stolz sein können.
- Entdecken Sie Ihre guten Seiten und Sie werden langsam ein positiveres Ich-Gefühl entwickeln.
- Verlieben Sie sich schrittweise in sich selbst und warten Sie nicht darauf, bis jemand sich in Sie verliebt.
- Bestätigung von außen ist ein wunderbares Plus, aber auf die eigene Wertschätzung kommt es jetzt an.
- Es ist nicht nur ein Spruch, dass nur wer sich selbst liebt auch einen anderen lieben kann.
- Denken Sie darüber nach und sagen Sie sich jeden Tag, dass Sie liebenswert sind!

Anonym schreibt nach der Trennung:

„Die Narzisstin hat ihr Giftgewächs ganz tief in meine Seele gepflanzt. Dorthin, wo meine Seele am verwundbarsten ist, dorthin, wo meine Achillesferse sitzt.
Dort, in der alten Wunde gedeiht dieses Giftgewächs und zerstört mich nach und nach. Es erstaunt mich immer wieder, wie die Narzisstin diese Stelle gefunden hat.
Es bringt mich wohl nicht weiter, dieses Gewächs herauszureißen.

Denn die Stelle, wo es sich ernähren konnte, bleibt dann weiterhin Nährboden für weitere Giftpflanzen, die da kommen könnten. Das Einzige, was ich tun kann, ist die Wunde zu schließen und zu heilen. Dann kann ich selbst dort etwas Schönes pflanzen, auf dem kein Gift mehr gedeihen kann."

Aus der Isolation herausfinden

Der Beziehung mit dem Narzissten hält kein Freundeskreis auf Dauer stand. Der will keine Konkurrenz und die Alleinherrschaft über den Co-Narzissten. Dieser hat Angst, den Narzissten zu verlieren und verschließt sich gegenüber wohlgemeinten Ratschlägen von Freunden und Familie. Er kapselt sich immer weiter von der Umwelt ab und lebt nur noch durch und für den Narzissten. Nun ist die Trennung vollzogen und das Narzissmus Opfer steht allein da.

Die Grundeinstellung, um aus der Isolation herauszufinden gleicht der, wie man anfängt seine Selbstliebe zu finden. Sie lautet: man muss es unbedingt wollen.
Die Erwartungshaltung darf nicht allzu groß sein, nachdem man dem sozialen Umfeld zuvor die Tür gewiesen hat.
Wahre Freund und Angehörige lassen sich jedoch nicht lange bitten, wenn Sie verstanden haben, dass es diesmal ernst ist und der Narzisst ein für allemal der Vergangenheit angehören wird. Eine so gravierende, das Leben verändernde

Trennung ist vergleichbar mit der Trauer nach dem Tod eines Menschen, den man lange gepflegt hat. In beiden Fällen hat man sich selbst ungewollt sozial isoliert und in beiden Fällen ist ein schwerer Verlust zu beklagen. Unfreiwillige Isolation kann krank machen.

Es ist verständlich, wenn der Graben zur normalen Umwelt in dieser seelischen Verfassung sehr tief erscheint. Wie soll man mit jemand kommunizieren, der nichts von dem als traumatisch Erlebten nachvollziehen kann? Ein logischer Schritt ist, nach Menschen Ausschau zu halten, die ähnliches durchgemacht haben. Es gibt Selbsthilfegruppen von Narzissmusopfern und es gibt professionelle Helfer. Und es gibt Vereine, Interessenverbände und soziale und gemeinnützige Organisationen, in denen man sich engagieren kann.

Überall trifft man auf unvoreingenommene Menschen, die offen für Gespräche und vielleicht auch gemeinsame Unternehmungen sind. Springen Sie über Ihren Schatten und melden Sie sich bei alten Freunden. Nehmen Sie Kontakt zu Familienangehörigen auf, die Sie lange nicht gesprochen haben. Ihr Mut wird belohnt. Selbst wenn eine Person sich von Ihnen distanziert, die nächste öffnet Ihnen offenen Herzens ihre Tür.

Weil sich Ihr Leben ausschließlich um den Narzissten dreht, haben Sie Ihre eigenen Bedürfnisse vernachlässigt. Wie wäre es mit einem neuen Hobby oder regelmäßigem

Sport? Nirgendwo trifft man mehr neue Menschen als durch gemeinsame Interessen. Daraus können sich gute Bekanntschaften und vielleicht sogar eine Freundschaft entwickeln. Sie müssen nur den Anfang machen und den ersten Schritt wagen.

Neue Gewohnheiten etablieren

Es besteht immer eine Rückfallgefahr, doch kurz nach der Trennung ist sie besonders groß. Das Leben ist aus den Fugen geraten. Aller Routine und Ritualen, die dem Opfer Sicherheit gaben, beraubt, muss es sich einen neuen, einen eigenen Alltag aufbauen. Niemand ist mehr da, der Anweisungen gibt und Vorgaben macht. Und auch niemand mehr, der den eigenen Freiraum und die Kreativität einschränkt. Neue Gewohnheiten anzunehmen ist immer auch die Chance, dem Leben eine vollkommen neue Richtung zu geben und nicht wie zuvor, nur mit anderen Vorzeichen weiterzumachen.

Nur die Entscheidung dazu zu treffen, reicht leider nicht aus. Eine geänderte Gewohnheit setzt sich nur durch häufige Wiederholung in unserem Gehirn fest.
Man muss aktiv werden! Nur durch beständige Wiederholungen verschalten sich die Neuronen im Gehirn neu, die das Verhaltensmuster unterstützen. Das lässt sich

am anschaulichsten an einem Beispiel verdeutlichen.
Sie fühlen sich schlapp. Schon ewig haben Sie vor, endlich mit dem Joggen anzufangen, aber die Anstrengung kostet Sie zu große Überwindung. Sie haben sich schon lange keinen positiven körperlichen Anstrengungen mehr ausgesetzt, weil Ihr altes Leben Sie zu viel Kraft gekostet hat. Weil Sie sich mittlerweile unglaubwürdig finden, reden Sie schon nicht mehr davon, endlich etwas für Ihren Körper tun zu wollen. Genau, hören Sie auf zu reden und fangen Sie an! Nicht mit einem Marathon, sondern mit ein paar hundert Metern. Wenn Sie die geschafft haben, seien Sie stolz auf sich. Genießen Sie das gute Gefühl, einen Anfang gefunden zu haben und verschaffen Sie sich Ihr kleines Erfolgserlebnis gleich am nächsten Tag erneut. Je fitter Sie werden, desto weiter können Sie Ihre Strecken verlängern. Nach einer Weile werden Sie merken, dass Ihnen etwas fehlt, wenn Sie nicht rausgehen und sich bewegen.

In Ihrem Kopf hat sich ein positives neues Muster etabliert, ganz einfach, weil Sie etwas gemacht haben, aktiv geworden sind. Das Prinzip lässt sich auch auf viele andere Lebensbereiche und Gewohnheiten anwenden. Klein anfangen und langsam steigern! Und falls es dann immer noch keinen Spaß macht, suchen Sie sich etwas Neues. Aktivitäten machen auch gemeinsam mit anderen Menschen Freude.

Positive Erfahrungen sind starke Helfer, um wieder an Körper und Seele zu heilen.

Resilienz

Resilienz lässt sich bildhaft als Immunsystem der Seele beschreiben. Sie ist die Fähigkeit, seelisch relativ unbeschadet größere Krisen durchzustehen und sogar daran zu wachsen. Nicht anders lässt es sich erklären, warum manche Menschen schwierige Umstände und Lebensbedingungen (wie Krieg, Flucht, soziales Elend, Krankheiten und Behinderungen) wesentlich besser verkraften bzw. sogar daran wachsen als andere Menschen in der gleichen Situation das tun.

Der Begriff kommt aus dem lateinischen und bedeutet übersetzt so viel wie „abprallen“ oder „zurückspringen“. Die ursprüngliche Anwendung des Wortes kommt aus der Physik und beschreibt die Fähigkeit eines Materials, nach Einwirkung durch Belastung oder Druck von außen wieder seine ursprüngliche Form und Stabilität anzunehmen.

Ein Stück Knete ist demnach wenig resilient, da es nach der Verformung durch Druck von außen die veränderte Form beibehält. Ein Schwamm hingegen „springt“ nach dem Nachlassen des Drucks zurück in seine normale Form.

So kann Resilienz auch in der Psychologie als Widerstandsfähigkeit gegen äußere Einflüsse definiert werden. Das Gegenteil von Resilienz ist Verwundbarkeit.

Resilienz ist zum einen eine Gabe, die psychisch sehr stabile Menschen besitzen, aber auch eine Kompetenz, die man sich in gewissem Maß aneignen kann.

Wir Menschen kommen schon mit einem unterschiedlichen Maß an Resilienz auf die Welt. Im Laufe unseres Lebens kann die Resilienz in beide Richtungen schwanken, sie kann also sowohl wachsen als sich auch verringern. Dabei spielen Ereignisse, die uns in unserem Leben widerfahren, wie Rückschläge zum einen, aber auch Erfolge und glückliche Fügungen zum anderen eine große Rolle. Ressourcen wie der Rückhalt von Freunden und Familie aber auch Hobbys und Leidenschaften sind in diesem Zusammenhang zentral, können sie doch dazu beitragen, unsere Fähigkeit zur Resilienz erheblich zu steigern.

Durch Ihre gemeinsame Zeit mit dem Narzissten wurden diese Ressourcen durch Isolation und sozialen Rückzug oder Vernachlässigung eigener Interessen geschwächt. Es ist daher um die eigene Resilienz zu stärken wichtig, diese Ressourcen wiederaufzunehmen bzw. auch ganz neue aufzubauen. Das können zum Beispiel neue Bekanntschaften oder Hobbys sein, die Sie sich suchen und die Ihnen Kraft und Selbstvertrauen geben.

Die folgenden Merkmale sind für resiliente Menschen charakteristisch: Akzeptanz, Optimismus, Lösungsorientiertheit, Eigenverantwortung, Netzwerkpflege und fester Glaube an die eigene Stärke.

Oder konkreter gefasst:

- Eigene Empfindungen und Reaktionen akzeptieren
- Nicht nach der Schuld fragen, weder der eigenen noch fremder Schuld
- Gute Eigenschaften bei sich erkennen und nutzen
- Großzügig mit sich selbst sein, d. h. sich für sich und seine Verwundungen Zeit nehmen
- Nicht überhöhte Erwartungen in sich selbst setzen
- Hilfe von anderen annehmen
- Sich ein stabiles soziales Umfeld schaffen
- Auch schwierige Entscheidungen angehen und nicht verschieben
- Sich immer selbst treu bleiben

Die Herausforderungen des Alltags, gerade nach einem Neuanfang, bieten genügend Gelegenheiten, um eine neue positive Herangehensweise zu üben und sich stückweise ein Repertoire an Resilienz fördernden Ressourcen aufzubauen.

Fällt es Ihnen schwer, plötzliche Veränderung in Ihrem Trott zu akzeptieren? Vielleicht bringt Sie etwas, von dem Sie gar nicht nur persönlich betroffen sind, aus dem Konzept, wie ein plötzlich gesperrte Straße auf dem Weg zu Arbeit oder eine ausverkaufte Zutat für ein geplantes Essen. Wenn Sie bei

Nebensächlichkeiten gleich das Gefühl bekommen, an Ihre Grenzen zu geraten, dann sollten Sie Ihre Resilienz trainieren. Wie bereits in einem vorherigen Abschnitt beschrieben, hilft Achtsamkeit dabei, loszulassen und Wandel zu akzeptieren. Es kann auch tolle Nebeneffekte haben, die Sie sonst nicht erlebt hätten, wie ein landschaftlich reizvoller Umweg oder Kreativität, die zu einem völlig neuen Kochrezept führt. Daraus können unverhoffte Erfolgserlebnisse entstehen. Notieren Sie sich Ihre Erfolge und schauen Sie sich an, was Sie alles erreicht haben, wenn einmal nicht alles rund läuft.

Aufzugeben ist für resiliente Menschen keine Option. Es ist keine Schande, andere um Hilfe zu bitten, wenn Sie etwas nicht allein bewältigen können. Und die Chance, einem anderen seine helfende Hand anzubieten, kommt schneller als erwartet. Wenn Sie das begriffen haben, sind Sie auf dem besten Weg!

Therapie als Hilfe akzeptieren

Es gibt keine Vorgaben, wie lange ein Mensch nach einem Missbrauch brauchen darf, um seelisch zu heilen und wie er das schaffen soll. Bei manchen Opfern reichen Anleitungen der „Hilfe zur Selbsthilfe“ und ein stabiles soziales Umfeld aus, in anderen Fällen ist eine Therapie die einzige Möglichkeit, den Weg aus der seelischen Krise zu finden.

Fallbeispiel von anonym:

„In der Therapie begreife ich, dass sie (die Narzisstin) mir gegenüber dieses hilflose, schutzlose Wesen gespielt hat.
Dieses Wesen hatte auch meine Mutter, die immer wieder Schutzsuche bei mir gespielt hat, obwohl ich erst 12 Jahre alt war. Umgekehrt bekam ich niemals Schutz von ihr gegen meinen gewalttätigen Vater. Noch nicht mal Trost. Sie gab mir sogar die Marterwerkzeuge in die Hand und sagte: Geh damit zu Papa." Im Gegensatz zum schwer therapierbar geltenden Narzissten, haben Opfer von Narzissten recht gute Chancen in einer Therapie Hilfe zu finden, um ihr Trauma zu bewältigen.
Die Grundvoraussetzung ist, dass sie ihre eigene Lage realistisch einschätzen können und sich nicht die Schuld an ihrer derzeitigen Situation geben. Therapie funktioniert ausschließlich auf freiwilliger und bewusster Ebene ohne jeglichen Zwang. Zu dieser Erkenntnis möchte ich Ihnen mit diesem Buch verhelfen.

Leider ist auch heute noch in manchen Köpfen eine Psychotherapie negativ behaftet, was es für den Co-Narzissten nicht leichter macht, zu der Notwendigkeit zu stehen, professionelle Hilfe in Anspruch nehmen zu müssen. Doch ohne die Unterstützung durch einen geschulten Therapeuten, der sich mit dem Phänomen des Narzissmus

genau auskennt, ist es manchen Opfern nicht möglich, ihr neues Leben selbst in die Hand zu nehmen.
Vorsicht ist bei der Suche geboten. Nicht jeder Therapeut ist Fachmann auf dem Gebiet des Narzissmus und kennt sich mit den psychischen und physischen Symptomen des Missbrauchs aus. Ein weniger kompetenter Therapeut könnte aufgrund seiner unvollständigen fachlichen Kenntnisse, eine falsche bzw. wirkungslose Therapie empfehlen und damit seinen Klienten noch weiter frustrieren. Über viel Erfahrung in der Behandlung von Opfern narzisstischen Missbrauchs verfügt die Heilpraktikerin für Psychotherapie und Narzissmus-Spezialistin Angelika Beck. Mit einem weiten Angebot an individuell angepassten Therapiemethoden hilft sie ihren Patienten das Trauma ihres jahrelangen Missbrauchs zu verarbeiten und einen unbelasteten Neuanfang zu wagen.

Falls Sie noch schwanken, ob Sie die professionelle Unterstützung eines geschulten Therapeuten in Anspruch nehmen möchten, führen Sie sich Ihr Ziel vor Augen. Sie haben erkannt, von einem Narzissten ausgenutzt und missbraucht worden zu sein, tragen aber Ihre Schuldgefühle noch mit sich herum. Und dann sind da noch die anderen Symptome wie Schlaflosigkeit, Kopfschmerzen etc. Ein unbeschwertes, neues, selbstbestimmtes Leben voller Pläne und Optimismus erscheint Ihnen noch in weiter Ferne? Warum zögern Sie dann? Was hält Sie davon ab, sich auf den Weg in eine bessere Zukunft zu begeben? Der Weg ist steil und Sie werden nicht immer wissen, was Sie hinter der nächsten Kurve erwarten wird, aber er ist es wert gegangen zu werden. Entscheiden Sie sich nicht vorschnell für einen Therapeuten. Reden Sie mit Ihrem Hausarzt, fragen Sie Ihre Krankenkasse und informieren Sie sich über Empfehlungen von anderen Betroffenen. Erkundigen Sie sich nach dem Therapie-Angebot des Arztes und testen Sie aus, ob die Chemie zwischen Ihnen stimmt. Vielleicht bitten Sie ihn um eine Probestunde, bevor Sie sich festlegen. Ein gutes Verhältnis zwischen Therapeut und Klient ist wesentlich dafür, wie weit Sie sich als Betroffener ihm gegenüber öffnen können. Es entscheidet darüber, ob es Ihnen gelingt, ein Vertrauensverhältnis zu ihm aufzubauen.

Doch bevor Sie sich entscheiden ist es sinnvoll, verschiedene Therapieansätze zu vergleichen und herauszufinden, mit welcher Therapie Sie Ihre Probleme wirksam zu bewältigen lernen.

Trauma Therapie und andere Therapieansätze

Das Trauma kann das persönliche Weltbild zum Einsturz bringen. Zurück bleiben ein tiefes Loch und die Panik, nicht zu wissen, wie das Leben weitergeht. Hier setzt die Trauma Therapie an. Der Klient lernt unter Anleitung, in kleinen Schritten, sein Leben neu zu ordnen. Traumatisierte

Menschen wollen sich nicht an die unerträglichen Situationen, denen sie ausgesetzt waren, erinnern, werden aber dennoch in blitzartigen Erinnerungsbruchstücken (und manchmal auch längeren ungewollten Erinnerungen) immer wieder damit konfrontiert. Das verursacht Panik, Ängste, Schlafstörungen, Konzentrationsstörungen, aber auch damit verbundene körperliche Folgesymptome wie permanente Kopfschmerzen, Bluthochdruck usw. Vermindern sich diese Anzeichen nicht mit der Zeit durch einen entspannteren Lebenswandel, sondern halten in der gleichen Heftigkeit an, dann spricht man von einer Posttraumatischen Belastungsstörung.

Eine Trauma Therapie kann verschiedene Ansätze haben. Je nach Art des Traumas stellt der Therapeut oder Psychiater zunächst eine möglichst genaue Diagnose, die als Grundlage für die folgende Behandlung dient.
Leidet der Patient gleichzeitig an einer Depression oder einer Suchterkrankung, dann werden diese zunächst separat behandelt. Auch wer von Selbstmordgedanken heimgesucht wird, sollte nicht direkt mit seinem Trauma konfrontiert werden.

Man darf sich nichts vormachen, sich seinem Trauma in der Therapie stellen zu müssen ist belastend, weswegen parallel auch immer die körperliche Verfassung beobachtet werden sollte.

Eine Trauma Therapie beginnt mit der emotionalen Stabilisation. Als Patient lernen Sie Ihrem Therapeuten zu vertrauen, während er sich langsam Ihrem Trauma nähert. Eine Methode zur Stabilisation ist, dass Sie sich in Gedanken einen sicheren Ort vorstellen, an dem Sie sich wohl fühlen und Zuflucht finden. Erst wenn Sie zu Ihrem Therapeuten Vertrauen schenken können, beginnt die eigentliche Therapie. Gebräuchlich sind vorrangig die kognitive Verhaltenstherapie, aber auch Psychotherapie und Hypnose. In der kognitiven Verhaltenstherapie arbeiten Sie mithilfe des Therapeuten an Ihren Erlebnissen und den Ängsten, die das bei Ihnen hervorruft. Durch die Konfrontation mit Ihren Ängsten, erkennen Sie, dass diese inzwischen irrational geworden sind. Sie lernen Sie zu meistern und bauen Ihre Schuldgefühle ab. Indem Sie sich Ihre Gedanken bewusst machen und überprüfen, werden Sie langsam Ihre Einstellung verändern. Der Therapeut vermittelt Ihnen Techniken, mit denen Sie Ihre negativen Gefühle unter Kontrolle bekommen und mit der Zeit abbauen. Sie arbeiten aktiv mit.

Tief in frühere Erlebnisse steigen Sie in der Psychotherapie ein. Sie erfasst die unbewussten Erlebnisse, die Ihren gegenwärtigen seelischen Zustand beeinflussen.
Eine tiefenpsychologisch orientierte Therapie ist weniger

praktisch und lösungsorientiert als eine Verhaltenstherapie, die auf eine kurzfristige Verhaltensänderung abzielt. Mittels Hypnose dringt Ihr behandelnder Therapeut in Ihr Unbewusstes vor und versucht positiven Einfluss auf Ihren Bewusstseinszustand zu nehmen. Auf diese Weise kann er ein schwaches Selbstwertgefühl beeinflussen und versuchen, es zu stärken.
Eine weitere mögliche Therapie wäre die Systemische Therapie, deren Ansatz davon ausgeht, dass alles zusammenhängt. Deshalb geht diese Therapie verstärkt auch auf die familiären Strukturen ein.

Außerdem besteht die Möglichkeit zu einer Konfrontationstherapie, mit der hauptsächlich Angststörungen behandelt werden, indem der auslösende Reiz durch sich langsam steigernde Auseinandersetzung mit ihm abgebaut wird.

Musik- und Kunsttherapie empfehlen sich eher als Folgetherapien, um den eingeschlagenen Weg weiterhin positiv zu beeinflussen.

Sollten Sie während oder nach dem Lesen des Ratgebers zu der Erkenntnis gelangt sein, dass Sie sich Hilfe holen möchten, dann wenden Sie sich vertrauensvoll an Angelika Beck, die Verfasserin des Vorworts.

Als Expertin für Narzissmus verfügt sie über jahrelange Erfahrung in der Arbeit mit Opfern. Sie kombiniert, je nach Diagnose und Hintergrund, die Module verschiedener Therapieverfahren mit großem Erfolg. Mit ihrer Hilfe konnten schon viele Betroffene die destruktive Beziehung hinter sich lassen und ein neues, selbstbestimmtes Leben aufbauen.

Alle weiteren Informationen finden Sie hier:

https://www.angelika-beck.com

Treten Sie auch gerne der dort aufgeführten Facebook-Gruppe bei, um sich mit anderen Betroffenen auszutauschen.

Impressum

Sophie Schilling wird vertreten durch:

Papermelt OÜ (GmbH)

Sakala Straße 7-2

10141 Tallinn, Estland

E-Mail: info@papermelt.de

Vertreten durch: Leopold Heptner

Handelsregister Tallinn: 14738488

Umsatzsteuer Identifikationsnummer EE102175435

Verantwortlich für den Druck: Amazon Distribution GmbH, Leipzig